はじめてでも600点突破!
TOEIC® TEST 必ず☆でる単 スピードマスター

成重 寿
Narishige Hisashi

Jリサーチ出版

TOEIC is a registered trademark of Educational Testing Service (ETS).
This publication is not endorsed or approved by ETS.

はじめに

600点突破の決め手は単語力だ!

　TOEICで600点をクリアする決め手になるのは何と言っても単語力です。大学生や社会人でスコアが伸び悩んでいる方は、単語力が決定的に不足している可能性が大です。

　TOEICはリスニングとリーディングの2つのセクションで構成されていますが、どちらも単語の基礎がないとうまく解くことはできません。あたりまえのことですが、知らない単語は聞き取れないし、知らない単語が多いと速く読むことはできないからです。

　TOEICのボキャブラリーは中学・高校で学習した単語とは少し異なる特徴をもっています。具体的には、**リスニングセクションは「生活語」、リーディングセクションは「ビジネス語」がポイントになり、中高では出てこないこれらの単語を上積みしておかなければなりません。**また、中高の重要語はTOEICでも使われますが、それらを忘れてしまっている人はもう一度思い出す必要があります。

必須1000語を20日間でマスターする

　本書には600点突破に必須の1000語を収録しています。全体の構成は「400点レベル（300語）」→「500点レベル（300語）」→「600点レベル（400語）」と3段階でステップアップしていく流れです。

　400点・500点レベルには TOEIC にも出る中高レベルの基本語が含まれていて、初級者やスコア400点に満たない人からスタートできるようになっています。一方、600点レベルは TOEIC らしいスタンダードな頻出語を中心に構成しています。

　本書は、最短20日間でマスターできるようになっています。20日間は短く感じられるかもしれませんが、収録1000語の中には知っ

ている単語もあるはずです。知っている単語は軽く用法を押さえるだけで済ませて、知らない単語の記憶に力を注ぎましょう。

TOEICのような試験の準備では、とにかく知っている単語の数を増やすことがスコアアップに直結します。短期間で集中して、単語の数を一気に増やしましょう。もちろん、時間に余裕のある方は、ご自分のスケジュールに従って進めてください。

頻出ポイントとTOEIC仕様の例文でパワーアップ

本書のもうひとつの特徴は単語を整理して並べていることです。各レベルともに「動詞」→「形容詞・副詞」→「名詞」→「ビジネス・生活」→「イディオム」と品詞やジャンルで分類されているので、アタマを整理しながら覚えていくことができます。

各単語は「発音記号」「品詞」「意味」のほかに、「ココに注目！」のコーナーで、TOEIC頻出ポイントをはじめ、派生語、類義語、構文などを要領よく身につけることができます。

すべての見出し語には例文が付いています。**ネイティブスピーカーのライターと協力して、できるかぎり短く、かつTOEIC仕様の例文を作成しました。単語の使い方を知るだけでなく、読んだり、聞いたりすることでTOEICに習熟していただけるものと思います。**

600点突破は、英語の得手不得手に関係なく、しっかり学習すればだれでも達成できる目標です。そして、その基礎になるのは単語力です。本書を目いっぱい活用して、必須のTOEIC英単語をマスターしましょう。

すべての方が目標を達成されることを心から願っています。

著者

TOEIC TEST 必ず☆でる単 スピードマスター
CONTENTS

はじめに ································· 2
スピードマスターできる7つのポイント ··················· 6
本書の使い方 ······························ 10
音声ダウンロードのしかた ························ 12

STEP 1 **400点レベル**
基礎になる万能300語 ·················· 13

- **DAY 1** 動詞（60語）·················· 14
- **DAY 2** 形容詞・副詞（60語）··········· 30
- **DAY 3** 名詞（60語）·················· 46
- **DAY 4** ビジネス・生活（60語）········· 62
- **DAY 5** イディオム（60語）············· 78

STEP 2 **500点レベル**
超頻出の基本300語 ··················· 95

- **DAY 6** 動詞（60語）·················· 96
- **DAY 7** 形容詞・副詞（60語）·········· 112
- **DAY 8** 名詞（60語）················· 128
- **DAY 9** ビジネス・生活（60語）········ 144
- **DAY 10** イディオム（60語）············ 160

STEP 3 **600点レベル**
超頻出の標準400語 ………………………… 177

DAY 11	動詞① (40語) ……………………… 178
DAY 12	動詞② (40語) ……………………… 188
DAY 13	形容詞・副詞① (40語) …………… 198
DAY 14	形容詞・副詞② (40語) …………… 208
DAY 15	名詞① (40語) ……………………… 218
DAY 16	名詞② (40語) ……………………… 228
DAY 17	ビジネス・生活① (40語) ………… 238
DAY 18	ビジネス・生活② (40語) ………… 248
DAY 19	イディオム① (40語) ……………… 258
DAY 20	イディオム② (40語) ……………… 268

INDEX（さくいん）……………………………………… 278

QUICK CHECK

1 Part 1 でる名詞① …28	2 Part 1 でる名詞② … 44
3 Part 1 でる動詞① …60	4 Part 1 でる動詞② … 76
5 でるコロケーション …92	6 でる職業人 ……… 94
7 でるつなぎ言葉① … 110	8 でるつなぎ言葉② … 126
9 でる相関語句 …… 142	10 でるビジネス連語① … 158
11 でるビジネス連語② … 174	12 接頭辞で覚える … 176

TOEIC TEST 必ず☆でる単
スピードマスターできる 7つのポイント

① TOEIC英単語は範囲があるから、覚えやすい

TOEIC初級者で単語力が弱い人はまず単語力を増強することが第一のテーマです。先にも書きましたが、単語力が十分でなければ、読むことも聞くこともうまくできないからです。英語の運用力のベースになるのは何と言っても単語力です。

ですが、心配することはありません。TOEICの場合、よく出る単語・表現は範囲が限定されているからです。TOEICは「国際コミュニケーションのための英語テスト」と銘打っているように、国際的に使われる英語でつくられたテストです。

英米だけで使う言葉やイディオム、スラング、ことわざ、アカデミックな言葉、難しい言葉、ビジネスの専門語――こういった単語は出ないことになっています。

出るのは、国を選ばず使うオフィスや生活の基本語です。こういった単語には一定の範囲があるので、的を絞って学習するのに適しています。

重要語をチェックする		ココを集中的に覚える		
中学・高校の単語	＋	TOEICに特徴的な単語	＝	600点突破！
TOEICにも出る単語		日常生活の単語 ビジネスの単語		

KEY POINTS 2 一気に覚えるのが効果的だ

　単語は集中攻略がベストです。一気にこの本をマスターするつもりで進めましょう。テストの準備でまとまった単語を覚える場合には、短期間の集中攻略が効果的です。

　最短20日間のスケジュールで1周やり終えることをお勧めします。収録語数は1000語ありますが、知っている単語もある程度あるはず。まず、「知っている・知らない」の分別をしましょう。分別した後に、自分が実際にこれから覚えなければならない単語の数が決まります。あとは、覚えるのみです。

　20日間は実行できるぎりぎりのスケジュールと言えます。1日1～2時間くらいの時間を割きましょう。本書は携帯版なので、どこにでも気軽に持ち運べます。スキマ時間も上手に利用して覚えましょう。

　もちろん、時間に余裕のある人、自分のペースで覚えたい人は、それぞれのスケジュールで進めてください。

KEY POINTS 3 意味がわかる単語をどんどん増やそう

　まず、「英単語＝日本語の意味」で覚えていきましょう。TOEICのような試験の準備には、意味のわかる単語をどんどん増やしていくのが最も即効性のあるやり方です。

　英語の試験の解きやすさは知っている単語の数に比例すると言っても過言ではありません。

　「ダウンロード音声」は①「英単語→意味」、②「英語例文」、③「英単語→意味→英語例文」の3種類のファイルが用意されています。ご自分の用途に合わせてお使いください。

KEY POINTS 4 重要語の使い方も知っておこう

単語によっては用法を覚えておきたいものもあります。動詞のprohibit（禁じる；阻む）なら〈prohibit A from doing〉（Aがdoするのを禁じる）、形容詞のsimilar（同様の）なら〈similar to A〉（Aと似通った）という用法が重要です。

また、他の単語との決まったつながり（コロケーション）を知っておくと、覚えやすいだけでなく、実際に使うときにも便利です。overtime（時間外で）ならwork overtime（残業する）、share（割り当て；占有率）ならmarket share（市場占有率）で覚えておくといいでしょう。

KEY POINTS 5 派生語・類語は一挙両得になる

派生語や類語も一緒に知っておくと、一度に複数の単語を身につけられて効率的です。さらに、**派生語は Part 5 の品詞識別問題に、類語は Part 7 などの正解選択肢で使われる言い換えに役立ちます。**

inform ▶ 知らせる	派生語	informative (情報が)役立つ	information 情報
common ▶ 普通の；一般的な	類語	usual いつもの	ordinary 普通の；平凡な

KEY POINTS 6 例文を読む・聞くことでTOEICに慣れよう

本書の単語に付いている例文は、TOEICスタイルのショートセンテンスです。400点レベルは9語以内、500点レベルは11語以内、600点レベルは12語以内と語数制限をして、できるだけ短い例文をつくりました。また、話し言葉、書き言葉をバランスよくおり混ぜています。

例文を読んだり、聞いたりしましょう。例文そのものを丸覚えする必要はありません。例文は単語の用法に慣れたり、リーディング力やリスニング力を強化したりするのに利用しましょう。

　本書の例文は短いながらもTOEIC仕様なので、例文に接することによって、自然にTOEICになじんでいく効果があります。

❗ 本書では、例文の中で単語の確認ができます。

赤シートを当てると見出し語が消えます。
日本語訳を使って単語を推測してみましょう。

Please compare the specs of our cameras online.
ネットで当社のカメラの仕様を比較してください。

KEY POINTS 7　まずこの1冊に集中しよう

　単語集は自分に合ったものを見つけたら、それを徹底的に学習しましょう。**本書は初級レベルの単語からスタートできて、TOEICのスタンダードな頻出語もしっかりカバーしています。** また、見出し語は1000語ですが、「ココに注目!」で紹介する派生語・類語等も含めると、1700語以上のワードパワーになります。

　本書を卒業されて、さらに上を目指す方は、姉妹書の『TOEIC® TEST 英単語スピードマスター NEW EDITION』もご利用ください。こちらはスコア900点超まで使えるスタンダードなTOEIC単語集です。

本書の使い方

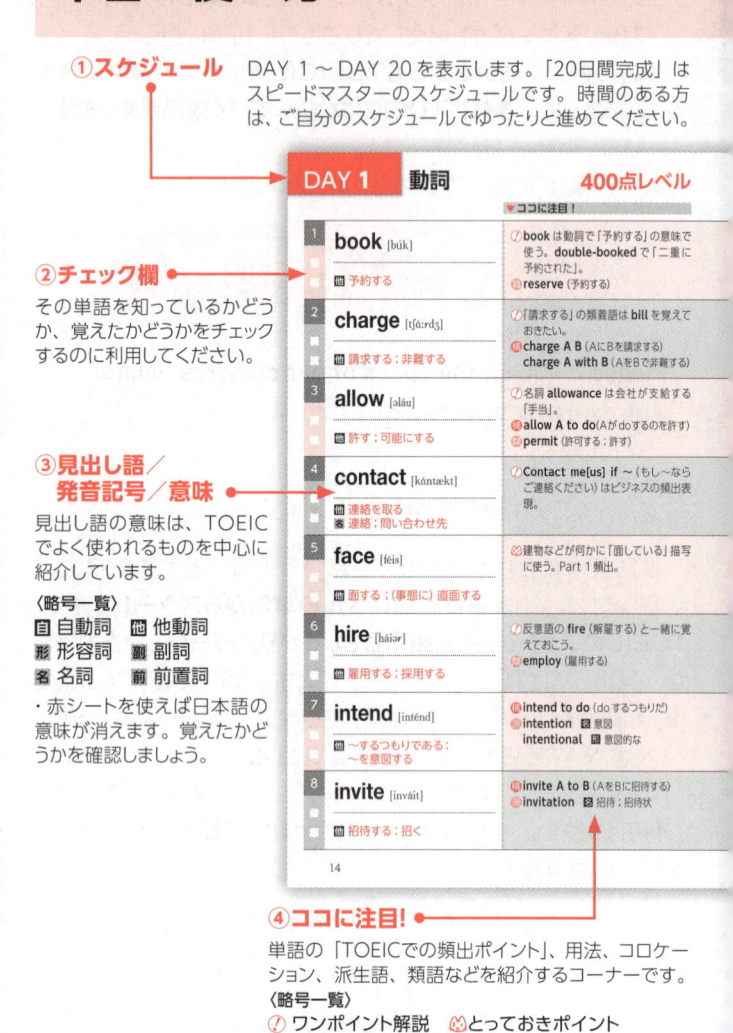

①スケジュール

DAY 1 ～ DAY 20 を表示します。「20日間完成」はスピードマスターのスケジュールです。時間のある方は、ご自分のスケジュールでゆったりと進めてください。

DAY 1　動詞　400点レベル

▼ココに注目！

1	**book** [búk] 他 予約する	⑦ book は動詞で「予約する」の意味で使う。**double-booked** で「二重に予約された」。 類 reserve (予約する)
2	**charge** [tʃɑ́ːrdʒ] 他 請求する；非難する	⑦「請求する」の類義語は bill を覚えておきたい。 ⊡ charge A B (AにBを請求する) charge A with B (AをBで非難する)
3	**allow** [əláu] 他 許す；可能にする	⑦ 名詞 allowance は会社が支給する「手当」。 構 allow A to do (Aがdoするのを許す) 類 permit (許可する；許す)
4	**contact** [kɑ́ntækt] 他 連絡を取る 名 連絡；問い合わせ先	⊡ Contact me[us] if ～ (もし～ならご連絡ください) はビジネスの頻出表現。
5	**face** [féis] 他 面する；(事態に)直面する	⊗ 建物などが何かに「面している」描写に使う。Part 1 頻出。
6	**hire** [háiər] 他 雇用する；採用する	⑦ 反意語の fire (解雇する) と一緒に覚えておこう。 類 employ (雇用する)
7	**intend** [inténd] 他 ～するつもりである； ～を意図する	構 intend to do (doするつもりだ) 派 intention 名 意図 intentional 形 意図的な
8	**invite** [inváit] 他 招待する；招く	構 invite A to B (AをBに招待する) 派 invitation 名 招待；招待状

②チェック欄

その単語を知っているかどうか、覚えたかどうかをチェックするのに利用してください。

③見出し語／発音記号／意味

見出し語の意味は、TOEICでよく使われるものを中心に紹介しています。

〈略号一覧〉
自 自動詞　他 他動詞
形 形容詞　副 副詞
名 名詞　前 前置詞

・赤シートを使えば日本語の意味が消えます。覚えたかどうかを確認しましょう。

④ココに注目！

単語の「TOEICでの頻出ポイント」、用法、コロケーション、派生語、類語などを紹介するコーナーです。
〈略号一覧〉
⑦ ワンポイント解説　⊗ とっておきポイント
構 構文　⊡ コロケーション　イ イディオム
派 派生語　類 類語　反 反意語　関 関連語

この本は見開き2ページで8語ずつ覚えられるようになっています。収録総数は1000語で、「400点レベル=300語」「500点レベル=300語」「600点レベル=400語」です。

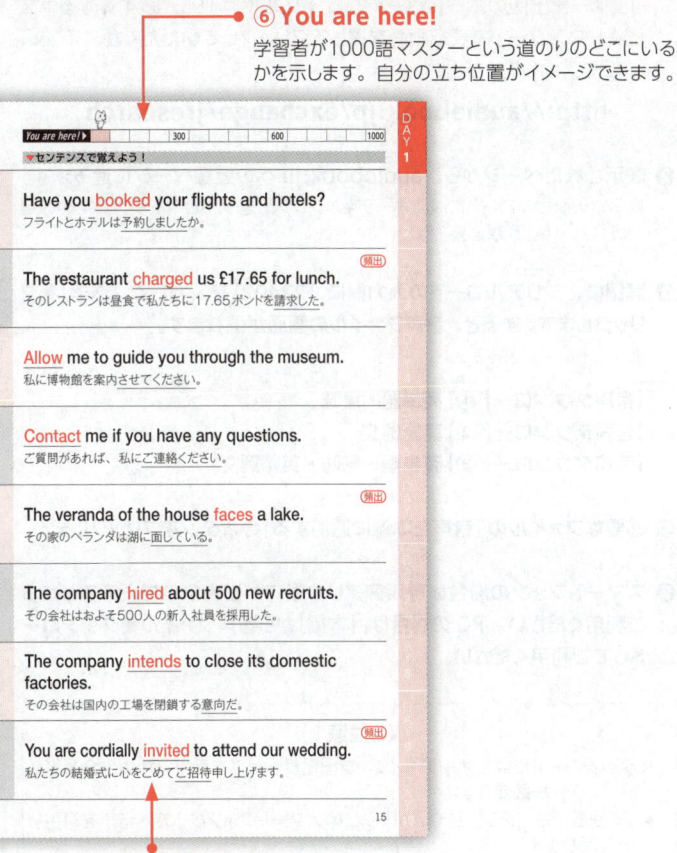

⑥ You are here!

学習者が1000語マスターという道のりのどこにいるかを示します。自分の立ち位置がイメージできます。

You are here! ▶ | 300 | 600 | 1000

DAY 1

▼センテンスで覚えよう!

Have you booked your flights and hotels?
フライトとホテルは予約しましたか。

The restaurant charged us £17.65 for lunch. (頻出)
そのレストランは昼食で私たちに17.65ポンドを請求した。

Allow me to guide you through the museum.
私に博物館を案内させてください。

Contact me if you have any questions.
ご質問があれば、私にご連絡ください。

The veranda of the house faces a lake. (頻出)
その家のベランダは湖に面している。

The company hired about 500 new recruits.
その会社はおよそ500人の新入社員を採用した。

The company intends to close its domestic factories.
その会社は国内の工場を閉鎖する意向だ。

You are cordially invited to attend our wedding. (頻出)
私たちの結婚式に心をこめてご招待申し上げます。

15

---

⑤ センテンスで覚えよう!

TOEICスタイルの短い例文です。単語の用法をつかみながら、読んだり聞いたりしてみましょう。表現や文型がよく出るタイプのものには (頻出) マークを表示しています。

☞ 音声ダウンロードは p.12 をご参照ください。

・赤シートを使えば、例文中の見出し語が消えます。日本語訳の下線の部分から、見出し語を推測してみましょう。

11

⬇ 音声ダウンロードのしかた

❶ **インターネットの専用ページにアクセス。**
　Jリサーチ出版のホームページから『TOEIC® TEST 必ず☆でる単スピードマスター』の表紙画面を探してクリックしていただくか、下記のURL を入力してください。

http://audiobook.jp/exchange/jresearch

❷ **表示されたページから、audiobook.jp への登録ページに進みます。**
　※音声のダウンロードには、オーディオブック配信サービスを受けるための会員登録（無料）が必要です。

❸ **登録後、シリアルコードの入力欄に「22402」を入力して「送信」をクリックします。すると、音声ファイルの画面が現れます。**
　※ファイルは3種類あります。

　【音声ダウンロード①】英単語・意味
　【音声ダウンロード②】英語例文
　【音声ダウンロード③】英単語・意味・英語例文

❹ **必要なファイルの「音声を本棚に追加する」のボタンをクリックします。**

❺ **スマートフォンの場合は専用アプリの案内が出ますので、アプリからご利用ください。PC の場合は、「本棚」から音声ファイルをダウンロードしてご利用ください。**

（ご注意！）
- ダウンロードには、オーディオブック配信サービスを受けるための会員登録（無料）が必要です。
- PCからでも、iPhone や Android のスマートフォンからでも音声を再生いただけます。
- 音声は何度でもダウンロード・再生いただくことができます。
- ダウンロードについてのお問い合わせ：info@febe.jp
　　　　　　　　　　　　　　　（受付時間：平日の10時〜20時）

STEP 1
400点レベル
基礎になる万能300語

DAY 1	動詞（60語）	14
DAY 2	形容詞・副詞（60語）	30
DAY 3	名詞（60語）	46
DAY 4	ビジネス・生活（60語）	62
DAY 5	イディオム（60語）	78

音声トラック

1 ▶▶ 40

DAY 1　動詞　400点レベル

▼ココに注目！

1 book [búk]
他 予約する

- book は動詞で「予約する」の意味で使う。double-booked で「二重に予約された」。
- 類 reserve（予約する）

2 charge [tʃáːrdʒ]
他 請求する；非難する

- 「請求する」の類義語は bill を覚えておきたい。
- 構 charge A B（AにBを請求する）
  charge A with B（AをBで非難する）

3 allow [əláu]
他 許す；可能にする

- 名詞 allowance は会社が支給する「手当」。
- 構 allow A to do（Aがdoするのを許す）
- 類 permit（許可する；許す）

4 contact [kántækt]
他 連絡を取る
名 連絡；問い合わせ先

- Contact me[us] if ～（もし～ならご連絡ください）はビジネスの頻出表現。

5 face [féis]
他 面する；(事態に) 直面する

- 建物などが何かに「面している」描写に使う。Part 1 頻出。

6 hire [háiər]
他 雇用する；採用する

- 反意語の fire（解雇する）と一緒に覚えておこう。
- 類 employ（雇用する）

7 intend [inténd]
他 ～するつもりである；
～を意図する

- 構 intend to do（doするつもりだ）
- 派 intention 名 意図
  intentional 形 意図的な

8 invite [inváit]
他 招待する；招く

- 構 invite A to B（AをBに招待する）
- 派 invitation 名 招待；招待状

▼センテンスで覚えよう！

Have you booked your flights and hotels?
フライトとホテルは予約しましたか。

(頻出)

The restaurant charged us £17.65 for lunch.
そのレストランは昼食で私たちに17.65ポンドを請求した。

Allow me to guide you through the museum.
私に博物館を案内させてください。

Contact me if you have any questions.
ご質問があれば、私にご連絡ください。

(頻出)

The veranda of the house faces a lake.
その家のベランダは湖に面している。

The company hired about 500 new recruits.
その会社はおよそ500人の新入社員を採用した。

The company intends to close its domestic factories.
その会社は国内の工場を閉鎖する意向だ。

(頻出)

You are cordially invited to attend our wedding.
私たちの結婚式に心をこめてご招待申し上げます。

DAY 1　動詞　400点レベル

▼ココに注目！

9 lie [lái]
自 置かれている；ある；横になる

⚠️ モノがそこに「ある」ことを表せる。Part 1 注意。活用は lie-lay-lain。他動詞の **lay**（横たえる）の活用は lay-laid-laid。

10 ship [ʃíp]
他 発送する；運送する

⚠️ 動詞で「発送する」の意味。名詞は **shipping** で、**shipping and handling fees** なら「出荷・取扱手数料」。

11 admit [ədmít]
他 認める；入ることを認める

⚠️ 名詞の **admission** は「入場料」の意味で出る。
橘 **admit A to do**（A が do するのを認める）

12 delay [diléi]
他 遅らせる；延期する
自 遅れる　名 遅れ

⚠️ 飛行機や列車が「遅れている」と言う場合には、**be delayed** と受け身で使う。名詞も同形。

13 hold [hóuld]
他 もっている；保持する；（会議などを）開催する

⚠️ Part 1 では人が何かを「もっている」描写に使う。**hold a bag**（バッグをもっている）

14 offer [ɔ́:fər]
他 提供する；（謝意などを）示す

⚠️ 名詞で使えば「申し出」「値引き」の意味。

15 run [rʌ́n]
他 経営する；運営する

⚠️ ビジネスでは **manage**（経営する；運営する）の意味でよく使う。

16 wear [wéər]
他 着ている；身につけている

💬 **wear** は「身につけている」状態を表す。「身につける」動作は **put on** を使う。どちらも Part 1 頻出。

16

▼センテンスで覚えよう！

Mt. Fuji lies to the south-west of Tokyo.
富士山は東京の南西にある。

Your order will be shipped within 24 hours.　(頻出)
お客様のご注文品は24時間以内に発送されます。

Only employees are admitted beyond this line.
社員だけがこのラインを越えて入ることができます。

The ship has been delayed by two days.
その船は2日間遅れている。

The conference will be held in Karke Hotel.　(頻出)
その会議はカーク・ホテルで開催されます。

We offer special discounts during the holiday season.
休暇期間中に我々は特別ディスカウントをご提供します。

He runs four Japanese restaurants in Paris.
彼はパリで4軒の日本料理店を経営している。

You must wear safety glasses inside the factory.
工場内では保護眼鏡を着用しなければならない。

DAY 1　動詞　400点レベル

▼ココに注目！

17 fix [fíks]
他 取り付ける；修理する

- fix a clock to the wall で「壁に時計を取り付ける」。
- 派 fixture 名 取り付けられた備品

18 apply [əplái]
自 応募する；申し込む
他 適用する

- apply for (〜に申し込む) の形がよく出る。apply A to B なら「AをBに適用する」の意味。
- 派 application 名 申請；応用

19 gather [gǽðər]
他 集める　自 集まる

- 名詞の gathering は「集まり；会合」の意味。

20 fit [fít]
他 ぴったり合う；備え付ける

- 「(寸法などが) 合う」の意味で、「(服が) 似合う」の意味はない。「似合う」には go well with を使う。
- a fitting room (試着室)

21 attend [əténd]
他 出席する；(学校に) 通う

- Part 5 の品詞識別問題で注意。
- 派 attendance 名 出席
  attendee 名 出席者
  attendant 名 接客係

22 cancel [kǽnsəl]
他 取り消す；キャンセルする

- cancel an appointment (約束をキャンセルする)
  cancel an order (注文を取り消す)
- 派 cancellation 名 キャンセル

23 add [ǽd]
他 付け加える；加算する

- 名詞の addition は「追加したもの」→「新しいメンバー」と人に使うことがあるので注意。
- 構 add A to B (AをBに加える)

24 elect [ilékt]
他 選出する

- 派 election 名 選挙
- 類 choose (選ぶ)
  vote (投票する)

▼センテンスで覚えよう！

We should **fix** the pipes in this building.
この建物の配管を修理したほうがいい。

(頻出)

Lenny **applied** for a job at the airport.
レニーは空港の仕事に応募した。

We must **gather** more information about our competitors.
我々は競合会社の情報をもっと集めないといけない。

These shoes **fit** my feet perfectly!
この靴は私の足にぴったりです！

(頻出)

All staff must **attend** our quarterly meeting.
全スタッフが当社の四半期会議に出席しなければならない。

All flights departing Moscow have been **cancelled**.
モスクワ発のすべての便がキャンセルされた。

A sales tax was **added** to the price.
売上税が価格に加えられた。

They **elected** Jane Whitman as their new president.
彼らはジェーン・ホイットマンを新しい社長に選出した。

DAY 1　動詞　400点レベル

▼ココに注目!

---

25 work [wə́ːrk]

自 作動する；働く

⚠「(機械などが) 作動する」という用法に注意。この意味では **function** が類語。

---

26 agree [əgríː]

自 同意する

⚠自動詞として使うので前置詞に注意。
構 **agree with A on [about] B** (BについてAに同意する)
agree to A (A [提案など] に同意する)

---

27 expect [ikspékt]

他 予想する；期待する

⚠ **be expected to do** (doすることが期待されている)と受け身の形でよく出る。
派 **expectation** 名 期待

---

28 reach [ríːtʃ]

他 達する；～に手を伸ばして取る
自 手を伸ばす

⚠ Part 1では自動詞として **reach for ～** (～に手を伸ばす) が使われる。
reach for the book (本に手を伸ばす)

---

29 serve [sə́ːrv]

他 提供する；勤務する

派 **service** 名 サービス
server 名 給仕係
servant 名 使用人

---

30 earn [ə́ːrn]

他 稼ぐ；収益をあげる

⚠ 名詞の **earnings** (利益；収入) も必須。
例 **earn a living** (生計を立てる)

---

31 cost [kɔ́ːst]

他 (費用が) かかる；必要とする

⚠ 活用は cost-cost-cost。
構 **A costs (B) C.** (Aによって (Bに) Cがかかる)

---

32 save [séiv]

他 節約する；(お金などを) 貯める；救う

例 **save energy** (エネルギーを節約する)
save children (子供たちを救う)
派 **saving** 名 貯金；節約

▼センテンスで覚えよう！

My audio player doesn't work anymore.
私のオーディオプレイヤーは作動しなくなっている。

All committee members agreed on the budget cuts.
委員会の全メンバーが予算の削減に同意した。

(頻出)

Our revenues are expected to grow by 8%.
当社の収入は8%増加することが期待されている。

(頻出)

Both parties finally reached a consensus.
両者は最終的に合意に達した。

This deli serves excellent sandwiches.
このデリはすばらしいサンドイッチを提供する。

You'll earn frequent traveler miles on our airline.
当航空会社でマイレージの点数を貯めてください。

Renovation of my old apartment cost about $30,000.
私の古いアパートの改装にはおよそ3万ドルがかかった。

Switching to lower-cost suppliers will save us money.
価格の安い納入業者に変えれば経費が節約できるでしょう。

DAY 1　動詞　400点レベル

▼ココに注目！

---

33 spend [spénd]

他 (時間・お金を) 使う・費やす

- ⓘ 時間とお金の両方に使える。
- 派 **spending** 名 経費；支出

---

34 adopt [ədápt]

他 採用する

- ● **adopt an approach** (手法を採用する)
- **adopt a bill** (法案を採決する)

---

35 lack [lǽk]

他 ～を欠く　自 不足する
名 不足

- ⓘ 自動詞では不足しているものが主語になる。**Staff is lacking.** (スタッフが不足している)

---

36 miss [mís]

他 逃す；～がいなくて残念に思う

- ● **miss a deadline** (締め切りに間に合わない)
- **I'll miss you.** (あなたがいなくなると寂しい)

---

37 own [óun]

他 所有する
形 自分自身の；特有の

- 派 **owner** 名 所有者
- **ownership** 名 所有権

---

38 worry [wə́:ri]

自 心配する　他 心配させる
名 心配事

- ⓘ **worry about [over] money** (お金について心配する) のように心配事は about や over で導く。

---

39 lead [líːd]

他 指導する；先導する；
　　～する気にさせる

- ⓘ **lead A to do** (A に do する気にさせる) の用法に注意。
- 派 **leading** 形 主要な；最も重要な

---

40 solve [sálv]

他 解決する

- ● **solve a problem** (問題を解決する)
- 派 **solution** 名 解決策
- 類 **resolve** (解決する)

▼センテンスで覚えよう！

We've already spent too much on construction.
私たちはすでに建設にあまりにも多くを費やした。

The airport will adopt a new security policy.
その空港は新しい警備方針を採用する。

Many clinics in this area lack adequate staff.
この地域の多くの医院は適性のあるスタッフを欠いている。

(頻出)

The company missed its sales target.
会社は売り上げ目標を達成できなかった。

She owns an expensive villa in the countryside.
彼女は田舎に高価な別荘を所有している。

Our boss is worrying about the negotiations.
私たちの上司はその交渉を心配している。

Who'll lead the production team?
だれが生産チームを指導するのですか。

The president promised to solve the housing shortage.
大統領は住宅不足を解決すると約束した。

DAY 1 動詞 400点レベル

▼ココに注目！

41 arrange [əréindʒ]
他 自 手配する；整える

- arrange a meeting (会議をセットする)
- arrange for a taxi (タクシーを手配する)

42 connect [kənékt]
他 結びつける；(電話を) 取り次ぐ

- connect dots (点をつなぐ)
- 派 connection 名 関係；親交；連結
- 反 disconnect (遮断する；[電源を]切る)

43 announce [ənáuns]
他 発表する；告知する

- We are pleased to announce ~ (~を発表することを嬉しく思います) は決まり文句。
- 派 announcement 名 公表；お知らせ

44 request [rikwést]
他 求める；要請する 名 要請

- 人を主語にして、be requested to do (do するよう求められる) の受け身でよく使う。

45 decline [dikláin]
他 (丁重に) 断る；却下する
自 低下する；下落する

- 「丁重に断る」というニュアンス。reject や refuse は「きっぱり断る；拒絶する」と意味が強い。自動詞では、株価などが「下落する」の意味。

46 explain [ikspléin]
他 説明する

- 派 explanation 名 説明
- 類 describe (詳しく説明する)
- outline (概略を説明する)

47 inform [infɔ́ːrm]
他 知らせる；伝える

- inform A of B (AにBを知らせる) の用法が重要。
- 派 informative 形 (情報が) 役立つ
- information 名 情報

48 express [iksprés]
他 表現する；示す

- 同じつづりで名詞として、「(郵便の) 速達」「(列車の) 急行」の意味で使う。
- 派 expression 名 表現；現れ

▼センテンスで覚えよう！

We arranged for a loan from the bank.
私たちはその銀行でローンを組んだ。

(頻出)
I'll connect you to the maintenance department.
保守管理部におつなぎいたします。

Orange Co. announced a smartphone launch this morning.
オレンヂ社は今朝、スマートフォンの発売を発表した。

You are requested not to smoke inside.
建物内では喫煙しないよう求められている。

The board ultimately declined the merger proposal.
取締役会は最終的に合併の提案を却下した。

Could you explain this summary in more detail?
この要約をもっと詳しく説明していただけますか。

(頻出)
I'll keep you informed of schedule updates.
あなたにはスケジュールの新しい情報を引き続きお知らせします。

(頻出)
I'd like to express my sincerest apology.
心よりのお詫びの気持ちを表明いたします。

DAY 1　動詞　400点レベル

▼ココに注目！

49 introduce [ìntrədjúːs]
他 紹介する；導入する

- ⚠「(人を)紹介する」「(機械・制度を)導入する」という2つの重要な意味がある。
- 派 **introductory** 形 紹介の；入門の

50 receive [risíːv]
他 受け取る；(待遇などを)受ける

- 派 **receipt** 名 領収証；受領
- **reception** 名 評判；宴会；受付

51 consider [kənsídər]
他 考える；配慮する

- ⚠ 形容詞形は **considerable**(かなりの) と **considerate**(思いやりのある) の2つあるので注意。**considering**(〜を考慮すれば) は前置詞として使う。

52 develop [divéləp]
他 発展させる；開発する
自 発展する；進展する

- ⚠ 自動詞では「(物事・事件が)進展する」という意味でも使う。
- 派 **development** 名 発展；開発；進展

53 prepare [pripéər]
他 準備をさせる；用意する

- ⚠ **be prepared to do** (doする準備をする) の形をよく使う。自動詞として **prepare for A** (Aの準備をする) の用法もある。

54 compare [kəmpéər]
他 比較する

- ⚠ **compare A with B** (AをBと比較する) の前置詞 with に注意。
- 派 **comparative** 形 かなりの；比較上の
- **comparatively** 副 比較的

55 display [displéi]
他 展示する；(感情などを)示す
名 [－́－] 展示(品)

- ⚠ 見本市や美術館のテーマで必須。
- イ **on display** (展示されて)
- 類 **exhibit** (展示する；陳列する)

56 remain [riméin]
自 〜のままである；残っている

- 横 **remain A** (Aのままである)
- 派 **remainder** 名 残りのもの

▼センテンスで覚えよう！

(頻出)

Let me introduce my coworker Lucy Wong.
私の同僚のルーシー・ウォンを紹介させてください。

I've received a dental school acceptance letter.
私は歯科学校の入学通知を受け取った。

I'm considering taking an online business course.
私はオンラインの経営コースの受講を考えています。

We must develop a market presence in Asia.
我々はアジアでの市場プレゼンスを発展させなければならない。

(頻出)

Please be prepared to show your passport.
パスポートを提示する準備をしてください。

Please compare the specs of our cameras online.
ネットで当社のカメラの仕様を比較してください。

Exclusive jewelry is displayed in the window.
特別高級な宝石はウインドウに展示されています。

The positions advertised in the newspaper remain open.
新聞で広告された仕事は空きのままだ。

27

DAY 1　動詞　400点レベル

▼ココに注目！

57 create [kriéit]
他 創造する；創出する

派 creative 形 創造的な
creator 名 考案者；クリエーター
creation 名 開発；創作

58 divide [diváid]
他 分割する；割り算する
名 分割；ギャップ

構 divide A into B (AをBに分割する)
派 division 名 分割；(会社などの)部門

59 issue [íʃuː]
他 発行する　名 発行；号

① 名詞としては「発行」のほか、「問題」「(新聞などの) 号」という意味でよく使う。

60 process [práses]
他 処理する；加工する
名 過程；経過

● process applications (申請の処理をする)
process food (食品を加工する)

Part 1 でる名詞①

Part 1では、日本の学習者が意外に知らない日常語が使われます。まとめて覚えておきましょう。

〈室内〉

☐ **stair**　階段
☐ **railing**　手すり
☐ **hallway**　廊下；通路
☐ **corner**　隅；角
☐ **device**　機器
☐ **equipment**　機器

▼センテンスで覚えよう！

Nationally, over 250,000 jobs were created last month.
国全体で、先月は25万以上の仕事が創出された。

The project is divided into four phases.
そのプロジェクトは4つの工期に分割されている。

Only senior managers are issued company credit cards.
上級管理職だけに会社のクレジットカードが発行される。

Supplier bids are processed by the operations department.
納入業者の入札は業務部によって処理される。

- [ ] **electric appliance** 家電製品
- [ ] **merchandise** 商品
- [ ] **briefcase** 書類鞄
- [ ] **wallet** 財布
- [ ] **purse** ハンドバッグ
- [ ] **stationery** 文房具
- [ ] **photocopier** コピー機
- [ ] **sink** 流し；シンク
- [ ] **utensils** 台所用品
- [ ] **tableware** 食器類
- [ ] **cupboard** 食器棚
- [ ] **refrigerator** 冷蔵庫

DAY 2　形容詞・副詞　400点レベル

▼ココに注目！

61	**ready** [rédi]　形 準備ができて	⚠️be ready to do [for 名詞] の形でよく使う。
62	**proud** [práud]　形 誇りに思う	⚠️be proud of (〜を誇りに思う) の前置詞 of に注意。boast of でも同様の意味を表せる。 派 pride 名 誇り；プライド
63	**serious** [síəriəs]　形 重大な；真剣な	◉ a serious problem (深刻な問題) serious injury (重傷) 派 seriously 副 真剣に
64	**curious** [kjúəriəs]　形 興味がある；好奇心が強い	構 be curious about (〜に興味がある) be curious to do (doしたがる) 派 curiosity 名 好奇心
65	**annual** [ǽnjuəl]　形 年1回の；毎年の；1年間の	年次のイベントを修飾するのによく使う。 派 annually 副 年1回 類 yearly (年1回の)
66	**crowded** [kráudid]　形 混み合った；ぎっしり詰まった	⚠️be crowded with (〜で混み合った) の形で覚えよう。 派 crowd 名 人混み；観衆
67	**local** [lóukəl]　形 地元の；国内の；〈電車が〉各駅停車の	◉ local custom (地元の習慣) a local train (各駅列車) 派 localize 他 現地化する
68	**past** [pǽst]　形 過去の；先の	〈for the past 〜〉(過去〜の期間) の形でよく使う。last や recent と言い換えが可能。

▼センテンスで覚えよう！

(頻出)

Our team is ready to present this concept.
私たちのチームはこのコンセプトを発表する準備ができている。

Our firm is proud of helping the community.
当社はコミュニティを支援することを誇りに思っています。

We are serious about quality control.
私どもは品質管理に真剣に取り組んでいます。

She's curious about currency trading.
彼女は為替取引に興味を覚えている。

Our book fair is a popular annual event.
私たちのブックフェアは人気のある年次イベントだ。

The stadium was crowded with spectators.
スタジアムは観客で混雑していた。

Is this a local or imported brand?
これは国内ブランドですか輸入ブランドですか。

(頻出)

I've been working here for the past ten years.
私は過去10年間ずっとここで働いています。

DAY 2 形容詞・副詞　400点レベル

▼ココに注目！

69	**urgent** [ə́:rdʒənt] 形 緊急の；急を要する	⊜ an urgent meeting（緊急会議） 派 **urge** 他 促す；説得する 　**urgency** 名 緊急；切迫
70	**senior** [sí:njər] 形 地位が上の；年長の	⚠ ラテン語比較級をつくり、比較対象は to で導く。senior to（〜より年上の）。superior to（〜より優れた）も同様
71	**polite** [pəláit] 形 丁寧な；洗練された	類 **courteous**（礼儀正しい） 反 **impolite**（不作法な） 　**rude**（無礼な；ぶしつけな）
72	**formal** [fɔ́:rməl] 形 正式の；フォーマルな	⊜ formal attire（正装） 反 **informal**（形式ばらない；くだけた） 　**casual**（打ち解けた；普段着の）
73	**corporate** [kɔ́:rpərət] 形 会社の；法人の	⊜ corporate culture（企業文化） 　corporate governance（企業統治） 派 **corporation** 名 会社；法人
74	**former** [fɔ́:rmər] 形 前の；先の	⚠ 〈former＋役職〉で前職を表すのによく使われる。
75	**previous** [prí:viəs] 形 前の；先の	⊜ the previous day（前日） 　the previous minister（前大臣） 派 **previously** 副 前もって
76	**available** [əvéiləbl] 形 利用可能な； 〈体が〉空いている	⚠ モノや予定などが利用できる状態にあることを示す。「交際相手を募集中の」の意味もある。

▼センテンスで覚えよう!

It's urgent that you get this package delivered.
この荷物を届けてもらうことは急を要します。

Ms. Kono was promoted to senior vice president. (頻出)
コウノさんは上級副社長に昇格した。

I received a polite letter from the dean.
私は学部長から丁寧な手紙を受け取った。

We have formal suits perfect for any occasion.
当店は、どんな行事にもぴったりのフォーマルなスーツを揃えております。

The prime minister promised to cut corporate taxes.
首相は法人税を引き下げることを約束した。

A former supervisor recommended that I call you.
前の上司の推薦でお電話しています。

The new plan excels the previous one.
新しい計画は以前の計画を越えるものだ。

Further information is available upon request. (頻出)
これ以上の情報はお求めに応じてご提供します。

DAY 2　形容詞・副詞　400点レベル

▼ココに注目！

77	**capable** [kéipəbl]　形 〜できる；能力のある	⚠️モノ・人のどちらも形容できる。be capable of (〜できる) の形もよく使う。 派 capability 名 能力；可能性
78	**ideal** [aidí:əl]　形 理想的な；申し分のない	💬人材採用の場面で an ideal candidate (理想的な候補者) の表現でよく出る。 派 ideally 副 理想的には
79	**familiar** [fəmíljər]　形 よく知られている；よく知っている	💬A is familiar to B (AがBによく知られている) と B is familiar with A (BがAをよく知っている) の2つの形はどちらも重要。
80	**convenient** [kənví:niənt]　形 便利な	⚠️主語になるのはモノ・事で、人を主語にはできない。名詞の convenience (便利)、inconvenience (不便；迷惑) も TOEIC 必須。
81	**various** [véəriəs]　形 さまざまな；多様な	⚠️同様の意味は a variety of や varying でも表せる。 派 vary 自 変動する 他 変更する variety 名 多様 (性)
82	**similar** [símələr]　形 似通った	⚠️similar to A (Aと似通った) の用法を覚えておこう。Part 5 で前置詞 to が問われる。類語の alike to、equivalent to も同様の用法をとる。
83	**whole** [hóul]　形 全体の；すべての　名 全部	🔗the whole company (全社) the whole story (すべての話) 類 entire (全体の；全部の)
84	**further** [fə́:rðər]　形 さらなる；それ以上の　副 さらに	⚠️further notice (さらなる知らせ)、further details (さらなる詳細) は TOEIC 頻出。

▼センテンスで覚えよう！

Only the most capable applicants will be selected.
最も能力のある候補者だけが選ばれます。

(頻出)

The ideal candidate would have a business degree.
理想的な候補者は経営の学位をもっている方です。

(頻出)

This sculpture is familiar to millions of people.
この彫刻は何百万もの人に知られている。

The new subway line is convenient for commuters.
新しい地下鉄の路線は通勤者に便利である。

The community center offers various types of classes.
コミュニティセンターはさまざまな種類のクラスを提供している。

These two computers are similar in price.
これら2台のコンピュータは値段が同じくらいだ。

Employees should understand the whole corporate mission.
社員は、すべての企業理念を理解すべきだ。

(頻出)

The gallery is closed until further notice.
追っての通知があるまでギャラリーは閉鎖いたします。

DAY 2　形容詞・副詞　400点レベル

▼ココに注目！

85	**huge** [hjúːdʒ]　形 莫大な；巨大な	ⓘ 大きさ・量・程度に使える。huge success (大成功) 類 enormous (巨大な；途方もない)　immense (巨大な；膨大な)
86	**well-known** [wèlnóun]　形 有名である	構 be well-known for (～で有名である)　be well-known as (～として有名である) 類 famous (有名である)
87	**unusual** [ʌ̀njúːʒuəl]　形 異常な；稀な	ⓘ usual (普通の；ありふれた) の反意語。
88	**common** [kámən]　形 普通の；よくある	構 It is common to do ～ (do するのはよくあることだ) 類 usual (いつもの)　ordinary (普通の；平凡な)
89	**expensive** [ikspénsiv]　形 高価な；費用のかかる	派 expense 名 費用；出費 反 inexpensive (安価な)　affordable (手ごろな価格の)
90	**urban** [ə́ːrbən]　形 都会の；都市の	熟 urban legend (都市伝説) 反 rural (田舎の；田園の)
91	**sincere** [sinsíər]　形 心よりの；誠実な	ⓘ 〈sincere ＋感情〉の組み合わせでよく使う。副詞の sincerely は手紙の結語にもなる。Sincerely (yours) (敬具)
92	**confident** [kánfidənt]　形 自信のある	ⓘ confidential (機密の) と区別すること。 構 be confident of (～に自信がある) 派 confidence 名 自信

▼センテンスで覚えよう！

The semiconductor firm experienced huge losses.
その半導体企業は莫大な損失を被った。

She's well-known for her football skills.
彼女はサッカーのテクニックで有名だ。

We've had unusual heat waves this summer.
今年の夏は異常な熱波に襲われた。

It's common to find her working late.
彼女が遅くまで働くのはよくあることだ。

(頻出)

Oslo is one of the most expensive cities.
オスロは最も費用のかかる都市の1つだ。

This highway crosses three major urban areas.
このハイウェーは3つの大都市部をつないで走っている。

Let me express my sincere gratitude to you.
心よりの感謝を表明させていただきます。

The government is confident of an economic recovery.
政府は経済の回復に自信をもっている。

DAY 2 形容詞・副詞 400点レベル

▼ココに注目！

93 responsible [rispánsəbl]
形 責任がある

- be responsible for (〜に責任がある) は必須。名詞を使った take responsibility for (〜への責任を負う) も覚えておこう。

94 thick [θík]
形 厚い；濃厚な

- モノの厚さだけでなく、液体が濃厚であったり、霧が濃かったりするのも表せる。
- 反 thin (薄い；希薄な)

95 original [ərídʒənəl]
形 元の；独創的な
名 本物；オリジナル

- an original schedule (元のスケジュール)
  an original idea (独創的なアイデア)
- 派 origin 名 起源；原産

96 traditional [trədíʃənəl]
形 伝統的な；慣習の

- a traditional festival (伝統的な祭り)
- 派 tradition 名 伝統

97 rapid [rǽpid]
形 急速な；高速の

- a rapid growth (急成長)
  a rapid response (迅速な対応)
- 派 rapidly 副 急速に

98 timely [táimli]
形 タイミングのいい；迅速な
副 タイミングよく

- in a timely manner [fashion] (迅速に) は重要な用法。

99 extra [ékstrə]
形 余分の；追加の
副 余分に；追加で

- 接頭辞でもある。extra- (余分の) + ordinary (普通の) = extraordinary (並外れた)

100 tight [táit]
形 きつい；厳しい

- a tight budget はよく使う。tight jeans で「きついジーンズ」。
- 派 tighten 他 締める
- 反 loose (ゆるい)

▼センテンスで覚えよう！

Who's responsible for maintaining the copiers? (頻出)
だれがコピー機の管理に責任があるのですか。

This tablet is only 6mm thick.
このタブレットはたった6ミリの厚さだ。

Let's get back to the original subject.
元の話題に戻りましょう。

I recommend traditional local dishes here.
ここでは伝統的な地元料理をお勧めします。

A rapid service train connects the towns.
高速運行の電車が町をつないでいる。

They solved the problem in a timely manner.
彼らはその問題を迅速に解決した。

Extra fees are charged for excess baggage. (頻出)
超過荷物には追加料金がかかります。

We're operating on a tight budget right now.
我々は今、厳しい予算で活動している。

DAY 2　形容詞・副詞　400点レベル

▼ココに注目！

101	**recently** [ríːsəntli] 副 最近	ⓘ 形容詞 recent（最近の）の副詞形。lately と置き換え可能。
102	**lately** [léitli] 副 最近	⚠ late（遅く；遅れて）、later（後で）と区別して覚えたい。
103	**mainly** [méinli] 副 主として	ⓘ 形容詞 main（主な）の副詞形。mostly や largely が類語。 ✎ mainly because ~（主に~という理由で）
104	**particularly** [pərtíkjələrli] 副 特に；とりわけ	ⓘ 形容詞 particular（特定の；特別な）の副詞形。 類 especially（特に；格別に）
105	**exactly** [igzǽktli] 副 正確に；まさに	ⓘ 形容詞 exact（正確な）の副詞形。直後の語句を強調するのによく使う。
106	**frequently** [fríːkwəntli] 副 頻繁に；よく	ⓘ 形容詞 frequent（頻繁の）の副詞形。頻度は always > usually > frequently, often > sometimes の順で少なくなる。
107	**hardly** [háːrdli] 副 ほとんど~ない	ⓘ 頻度は hardly > rarely, seldom > never の順で少なくなる。
108	**rarely** [réərli] 副 めったに~ない	ⓘ 形容詞 rare（まれな）の副詞形。seldom とほぼ同意。

▼センテンスで覚えよう！

Until recently, I knew nothing about this problem.
最近まで、私はこの問題について全く知らなかった。

The stock market has been trending upward lately.
株式市場は最近、上昇トレンドになっている。

Our revenues come mainly from machine tools sales.
当社の収入は主として機械工具の販売から来ている。

Performing this type of surgery is particularly difficult.
この種類の手術をすることはとりわけ難しい。

(頻出)

These test results are exactly what I expected.
これらの試験結果はまさに私が予測したものです。

She frequently goes shopping after work.
彼女は仕事の後、よくショッピングに行く。

There is hardly anything on the buffet table.
ビュッフェのテーブルにはほとんど何も残っていない。

Those birds are rarely seen in winter.
それらの鳥は冬にはめったに見られない。

DAY 2 形容詞・副詞 400点レベル

▼ココに注目！

109 seldom [séldəm]
副 めったに〜ない

⊘ **seldom or never**（まず〜しない）という言い方もある。

110 nearly [níərli]
副 ほとんど；〜近く；危うく〜するところで

⊘「危うく〜するところだった」の意味では **I nearly missed the flight.**（危うくそのフライトに遅れるところだった）のように使う。

111 however [hauévər]
副 しかしながら；一方では

⊗ 文と文を逆接の意味でつなぐ。**But however** と、but と一緒に用いられることもある。Part 6 要注。

112 therefore [ðéərfɔ:r]
副 それゆえに；だから

⊗ 前文との因果関係を示す。**so、consequently、as a result** などと同様に使える。Part 6 要注。

113 regularly [régjələrli]
副 定期的に；規則正しく

⊘ 形容詞 **regular**（定期的な；規則的な）の副詞形。頻度は **often** や **frequently** に近い。

114 certainly [sə́:rtənli]
副 確かに；本当に

⊘ 会話で **Certainly.**（わかりました；かしこまりました）という同意の表現として使う。
類 **surely**（確かに）

115 likely [láikli]
副 おそらく　形 ありそうな

⊘ **probably** と同様に使える。形容詞としては **be likely to do**（do しそうだ）の用法が重要。

116 probably [prábəbli]
副 おそらく

⊘ 推測の副詞は、**presumably, probably > perhaps > maybe** の順に可能性が低くなる。**probably** は「十中八九」のニュアンス。

▼センテンスで覚えよう！

He seldom misses a day of work.
彼はめったに欠勤しない。

Nearly thirty thousand people participated in the marathon.
3万人近くの人々がマラソンに参加した。

The story, however, isn't that simple.
しかしながら、話はそれほど単純ではない。

This mobile phone is thin, and therefore convenient.
この携帯電話は薄くできている、だから便利です。

Do you exercise regularly?
定期的に運動をしていますか。

Your input during the meeting is certainly welcome.
この会議でのあなたの意見は本当にありがたいです。

He likely works in an investment bank.
彼はおそらく投資銀行で働いている。

They will probably respond to our offer later.
彼らは私たちの提案におそらく後で回答するだろう。

DAY 2　形容詞・副詞　400点レベル

▼ココに注目！

117	**overtime** [óuvərtàim]　副 時間外で　形 時間外の	🔂 work overtime（残業する）で覚えておこう。形容詞としては overtime allowances（残業手当）のように使う。
118	**overseas** [òuvərsí:z]　副 海外に[で]　形 [´-−´] 海外の	🔵 work overseas（海外で働く） at home and overseas（国内外で） 類 abroad（海外へ[で]）
119	**fairly** [féərli]　副 かなり；公正に	⚠️「かなり(rather)」と「公正に(justly)」という2つの意味で使う。
120	**quickly** [kwíkli]　副 すぐに；すばやく	⚠️ 形容詞 quick（短時間の；すばやい）の副詞形。 類 immediately（今すぐに）

Part 1 でる名詞②

〈屋外〉

- [ ] **path** 小径
- [ ] **ground** 地面
- [ ] **bush** 藪
- [ ] **fence** 柵；フェンス
- [ ] **veranda** ベランダ

▼センテンスで覚えよう！

頻出

I've worked overtime all week.
私は1週間ずっと残業した。

Our back-office operations will be transferred overseas.
当社の事務管理業務は海外に移管されます。

He finished his first assignment fairly well.
彼は最初の仕事をかなりうまく片付けた。

The company moved quickly to finalize the deal.
会社はその取引をまとめるのにすばやく動いた。

- ☐ **awning** 日よけ
- ☐ **florist** 花屋
- ☐ **vendor** 売り子
- ☐ **vehicle** 車
- ☐ **fountain** 噴水
- ☐ **sculpture** 彫刻
- ☐ **ladder** はしご
- ☐ **stepladder** 脚立
- ☐ **rake** 熊手
- ☐ **electric wire** 電線
- ☐ **wheelbarrow** 手押し車
- ☐ **stroller** ベビーカー

DAY 3　名詞　400点レベル

▼ココに注目！

121 firm [fə́:rm]
名 会社　形 かたい；強固な

名詞では「会社」の意味がある。company、corporation、business なども同意で使う。

122 deal [dí:l]
名 取引；契約

Done deal. は「これで話は決まりだ」という会話表現。
close [seal, strike] a deal（取引をまとめる）

123 trade [tréid]
名 取引；貿易　他自 取引する

a trade show（貿易見本市）
trade-off（折り合い；妥協）
trader 名 取引業者；(為替などの)トレーダー

124 date [déit]
名 日付；日取り；会う約束

out of date（時代遅れの）、to date（今まで）はよく使うイディオム。
set [fix] a date for ~（~の日程を決める）

125 decade [dékeid]
名 10年（間）

ten years の言い換えとして TOEIC に頻出。「20年(間)」なら two decades とする。

126 rate [réit]
名 料金；比率；速度
他 評価する

special rates（特別価格）
heart rate（心拍数）

127 fee [fí:]
名 料金；費用

〈~ fees〉でさまざまな料金を表す。
tuition fees（授業料）
medical fees（医療費）

128 share [ʃéər]
名 割り当て；占有率；株式
他 共有する

a market share（市場占有率）
go shares（山分けする）

▼ センテンスで覚えよう！

She applied for a pharmaceutical firm in Atlanta.
彼女はアトランタの製薬会社に応募した。

(頻出)
We closed the deal after very long discussions.
私たちは長い交渉の末、取引を成立させた。

We'll join the upcoming trade show in Berlin.
私たちはベルリンでの次の貿易見本市に参加します。

What is the date of the party?
パーティーの日取りはいつですか。

(頻出)
She's worked in this field for two decades.
彼女はこの分野で20年間働いてきた。

What are your rates for first-class train tickets?
1等列車の切符の料金はいくらですか。

These medical fees may be tax-deductible.
これらの医療費は税控除にできます。

How can we increase our market share?
どうすれば我々は市場占有率を高められるだろうか。

DAY 3　名詞　400点レベル

▼ココに注目！

129 effort [éfərt]
名 努力；苦労

- make an effort [efforts] (努力をする)
- a concerted effort (協調した努力)

130 trust [trʌ́st]
名 信用；信頼
他 信用[信頼]する

- earn [win] one's trust (人の信頼を得る)
- 派 trustworthy 形 信頼できる

131 line [láin]
名 (商品などの) ラインナップ；列；線

- 「商品のラインナップ」の意味でよく使う。a product line (商品ライン)。Part 1 では「(人の)列」で頻出。keep in line (並んでいる)

132 item [áitəm]
名 品目；項目

- 商品などの個別の「品目」を表す。an item of clothing (衣料品の1品目)
- 派 itemize 他 項目に分ける

133 goods [gúdz]
名 (複数で) 商品；製品

- 複数で「商品」の意味で使う。dairy goods (乳製品)、consumer goods (消費財)
- 類 merchandise (商品)

134 unit [júːnit]
名 単位；装置

- per unit で「単価」を表す。
- unit cost (単価)
- a sink unit (シンク設備一式)

135 fair [féər]
名 見本市；フェア

- a trade fair (見本市)
- a job fair (就職説明会)

136 rest [rést]
名 休憩；休み；残り

- 他に break、time off、repose が「休憩」の意味。
- take a rest (休憩する)
- 派 restful 形 休息を与える；安らかな

▼センテンスで覚えよう！

We're making efforts to enter the Asian market. (頻出)
我々はアジア市場に参入するのに努力しているところです。

We must gain the trust of our customers.
我々は顧客の信頼を獲得しなければならない。

We will release a new line of handbags. (頻出)
私たちはハンドバッグの新しいラインナップを発売します。

To view our menu items, click here.
私どものメニューの品目を見るには、ここをクリックしてください。

We sell top-quality leather goods.
私どもは最高品質の皮革製品を販売しています。

This display costs $120 per unit to produce.
このディスプレーは生産するのに1台120ドルかかる。

I bought this old watch at an antique fair.
私のこの古い時計をアンティークフェアで買いました。

You should take a rest from work.
あなたは仕事をしないで休みを取るべきだ。

DAY 3　名詞　　400点レベル

▼ココに注目！

137	**leave** [líːv] 名 休暇　他 〜を去る；任せる	ビジネスでは「休暇」の意味でよく使う。paid leave（有給休暇）、sick leave（病欠）、take a leave（休暇を取る）
138	**fun** [fʌ́n] 名 楽しみ；愉快	Have fun. は「楽しんできてね」と声をかけるときの決まり文句。 派 funny 形 おもしろい；おかしい
139	**period** [píəriəd] 名 期間	period を導く前置詞は for のほか、during や over も使う。 派 periodical 形 定期的な 名 定期刊行物
140	**form** [fɔ́ːrm] 名 書式；形態	TOEICでは「書式；フォーム」の意味で頻出。fill out [in] a form で覚えておこう。 類 questionnaire（アンケート用紙）
141	**skill** [skíl] 名 技能；技量	人の技能を指すのに使う。人事・採用の場面によく出る。 派 skillful 形 熟達した；上手な skilled 形 熟達した；上手な
142	**ability** [əbíləti] 名 能力；才能	形容詞 able（できる）の名詞形。able to do と同様に、ability to do の形でも使う。
143	**duty** [djúːti] 名 業務；義務；（通例、複数）関税	ビジネスでは「業務」の意味でよく使う。task、job、responsibility、assignment も同様の意味。
144	**shift** [ʃíft] 名 交替勤務の仕事；変動 他 変える	オフィスでは「交替勤務」の意味でよく使う。 例 work shifts（交替勤務をする） night shifts（夜勤）

50

▼センテンスで覚えよう！

You'll receive four weeks of paid leave yearly.
あなたは1年間に4週間の有給休暇を取得することになります。

Take care, and have fun!
気をつけて、楽しんできてね！

Our employee training period is about three months.
当社の社員研修期間は約3カ月です。

Please fill out your immigration form before landing. （頻出）
着陸する前に入国管理書式に記入してください。

Good communication skills are necessary for this position.
この職務には高いコミュニケーション技能が必要です。

The ability to speak Arabic is required here.
アラビア語を話す能力がここでは必須だ。

Editorial assistants there have a range of duties.
そこの編集アシスタントには広範囲の業務がある。

I'll work night shifts this week. （頻出）
私は今週、夜勤で働く。

DAY 3　名詞　400点レベル

▼ココに注目！

145 benefit [bénifit]
名 利益；給付；特典

- fringe benefits は会社が社員に提供する給与以外の「付加給付」。
- 派 beneficial 形 役立つ；利益をもたらす

146 package [pækidʒ]
名 小包；パッケージ

- 「小包」の意味では主に米国で使う。英国では parcel が一般的。
- 類 pack (箱；1包み)
  packet (パッケージ；包み)

147 role [róul]
名 役割；機能

- play a role in ～ (～で役割を果たす) のフレーズで覚えておこう。

148 facility [fəsíləti]
名 設備；施設；手段

- 〈～ facility〉でさまざまな設備・施設を表す。production facilities (生産施設)、cooking facilities (調理設備)

149 industry [índəstri]
名 産業；工業

- 形容詞は industrial (産業の；工業の) と industrious (勤勉な) の2種類ある。

150 notice [nóutəs]
名 告知；掲示；注意
他 気づく

- Part 7 によく出る文書の1つ。動詞「気づく」も重要。
- 派 notify 他 知らせる
  noticeable 形 目立つ；顕著な

151 author [ɔ́:θər]
名 著者；作家

- writer (作家)、novelist (小説家)、playwright (劇作家)、poet (詩人) も覚えておこう。
- 派 authorize 他 権限を与える

152 ceremony [sérəmòuni]
名 式典；セレモニー

- an opening ceremony (開会式)
  a wedding ceremony (結婚式)
- 派 ceremonial 形 儀式の；公式の

▼センテンスで覚えよう！

We offer competitive pay and benefits.
私どもは優遇された給与と給付を提供します。

His compensation package includes a performance bonus.
彼の報酬パッケージには業績連動ボーナスが含まれている。

(頻出)

Marketing played a big role in our expansion.
当社の拡大にはマーケティングが大きな役割を果たした。

We have several production facilities across Europe.
私どもはヨーロッパ中にいくつかの生産施設をもっています。

He pursued a career in the plastics industry.
彼はプラスチック産業でキャリアを積んだ。

(頻出)

Prices displayed here may change without notice.
ここに掲示された価格は告知なく変更されることがあります。

He is the famous author of *Economic Inequality*.
彼は『経済の不平等』の有名な著者だ。

The governor attended the opening ceremony.
知事は開会式に出席した。

DAY 3　名詞　　400点レベル

▼ココに注目！

153 audience [ɔ́ːdiəns]
名 聴衆；観客；視聴者

接頭辞 audio- は「聞く」の意味。auditorium なら「音楽堂；公会堂」。Part 1 で注意。

154 lecture [léktʃər]
名 講演；講義　自他 講義をする

deliver [give] a lecture on ~（~についての講義をする）
派 lecturer 名 講師

155 subject [sʌ́bdʒekt]
名 話題；テーマ

Not to change the subject, but（話を変えるつもりはないのですが）は、話題を変えるときの切り出しの言葉。
類 theme（テーマ；主題）

156 budget [bʌ́dʒət]
名 予算　形 安い

形容詞として「安い」という意味で使う。a budget tour（格安のツアー）

157 fund [fʌ́nd]
名 資金；基金　他 資金を出す

raise funds（資金を調達する）
fund-raising（資金調達）

158 figure [fígjər]
名 数字；図表；人物

多義語だが、TOEIC では「数字」「図表」に注目。sales figures（売り上げ数字）、See Figure A.（図表Aを参照）
類 statistic（統計数値）

159 damage [dǽmidʒ]
名 損害；被害　他 損害を与える

構 damage to A（Aへの損害）
damage from A（Aによる損害）

160 interest [íntərest]
名 関心；権益；金利

take an interest in ~（~に関心をもつ）の前置詞 in に注意。
interest rates（金利；利子）

▼センテンスで覚えよう！

The audience loved the opera singer's performance.
観客はそのオペラ歌手の公演が大好きだった。

CIO Jones delivered a special lecture on cyber-attacks.
ジョーンズ最高情報責任者は、サイバー攻撃についての特別講演を行った。

Today's Webinar subject is "reducing utilities expense."
今日のウェブセミナーのテーマは「光熱費の削減」です。

The country is struggling with huge budget deficits.
その国は、莫大な予算赤字と格闘している。

(頻出)

We raised funds to build a children's hospital.
私たちは小児病院を建設する資金を集めました。

Sales figures this month are disappointing.
今月の売り上げ数字は失望させるものだ。

This insurance doesn't cover certain kinds of damage.
この保険は一定の種類の損害を補償しません。

Interest rates have come down recently.
金利は最近、下がってきている。

DAY 3　名詞　400点レベル

▼ ココに注目！

161 appointment [əpɔ́intmənt] 名 約束；アポイント；任命	㊙ 人との約束に使う。ホテルなどの予約は **reservation** を使う。**make an appointment**（約束をする）は必須。 ㊕ **appoint** 他 任命する；指名する
162 relation [riléiʃən] 名 関係	㊕ **relate** 他 関係させる **relative** 形 比較上の **relationship** 名 関係
163 attention [əténʃən] 名 注意；注目	㊀ **pay attention to**（～に注意を払う） **draw [attract] attention**（注意を引く）
164 mind [máind] 名 考え；心　他 気にする	㊋ **mind** は心の「知的な側面」を表し、**heart** は「感情的な側面」を表す。 ㊏ **keep ～ in mind**（～を念頭に置く）
165 rumor [rúːmər] 名 うわさ	㊏ **Rumor has it that ～**（うわさによると～）
166 example [igzǽmpl] 名 例；手本	㊋ **for example** は「例えば」と例示するための頻出イディオム。
167 matter [mǽtər] 名 事柄；案件　自 重要である	㊋ **What's the matter (with you)?** は相手を案じて、「どうしたのですか」と聞くフレーズ。
168 content [kántent] 名 内容；中身	㊋ **contents** または **a table of contents** で「（本などの）目次」。同じつづりで「満足している」という形容詞としても使う。

▼センテンスで覚えよう！

(頻出)

I have an appointment with Dr. Carter.
私はカーター先生とアポイントがあります。

We have good relations with our clients.
私たちはクライアントと良好な関係にある。

(頻出)

Thank you for your kind attention.
ご注目をありがとうございました。

Keep safety in mind when operating these machines.
これらの機械を操作するときには安全を念頭に置いてください。

Rumors about a potential city bankruptcy proved untrue.
市が財政破綻しそうだとのうわさは真実ではなかった。

This success sets an example for other teams.
この成功は他のチームの手本になる。

This matter will be decided by senior executives.
この案件は上級経営陣が決定する。

All the contents of this file are confidential.
このファイルの内容はすべて機密のものです。

DAY 3　名詞　400点レベル

▼ココに注目！

---

169 district [dístrikt]

名 地区；区域

- a shopping district（商業地区）
  a financial district（金融街）

---

170 room [rúːm]

名 余地；部屋

- 「余地」の意味に注意したい。**have room for 〜**（〜の余地がある）
- **roomy** 形 広々とした；ゆったりした

---

171 condition [kəndíʃən]

名 条件；状態

- TOEIC では複数で「（契約などの）条件」の意味でよく出る。**terms and conditions**（条件）は決まり文句。terms も「条件」の意味。

---

172 effect [ifékt]

名 影響；効果

- **take effect**（効果を発揮する）は TOEIC 頻出。
- **effective** 形 効果的な
  effectively 副 効果的に

---

173 factor [fǽktər]

名 要因；要素

- **a key factor for [in] 〜**で「〜の主因」の意味。
- **element**（要素；要因）

---

174 policy [páləsi]

名 政策；(保険) 証書

- company policies（会社の方針）
  an insurance policy（保険証書）

---

175 reason [ríːzən]

名 理由；根拠　他 推論する

- reason は関係副詞 why の先行詞になるが、どちらかを省略可能。
- **reasonable** 形 分別のある；手頃な価格の

---

176 value [vǽljuː]

名 価値；有用性　他 評価する

- market value（市場価値）
  face value（額面価格）
- **valuable** 形 高価な；有益な

▼センテンスで覚えよう！

That shopping district draws many high-spending tourists daily.
その商業地区は毎日、多額の買い物をするたくさんの旅行者を引きつけている。

This market has much room for new entrants.
この市場は、新規参入者が入り込む十分な余地がある。

(頻出)
Read the contract terms and conditions carefully.
契約書の条件を注意深く読んでください。

The new promotion had little effect on sales.
新しい販売促進活動は売り上げにほとんど効果がなかった。

What are the risk factors in this plan?
この計画のリスク要因は何ですか。

The state has released new education policies.
その州は新しい教育政策を発表した。

We have reason to be optimistic about sales.
私たちには売り上げに楽観的になる理由がある。

The value of this property is ¥300 million.
この不動産の価値は3億円です。

DAY 3 名詞 400点レベル

▼ココに注目！

177	**result** [rizʌ́lt] 名 結果；結末 自 結果になる	as a result で「結果として」のイディオム。動詞としては、result in（～という結果に終わる）、result from（～に起因する）を覚えておこう。
178	**demand** [dimǽnd] 名 需要；要求 他 要求する	meet consumer demand（消費者の需要を満たす） in demand（需要があって） upon demand（要求があり次第）
179	**fault** [fɔ́ːlt] 名 欠陥；過失	形容詞の faulty（欠陥のある）もよく使う。 defect（欠陥；短所） flaw（欠陥；不備）
180	**article** [ɑ́ːrtikl] 名 記事；（契約書などの）条項	新聞・雑誌などの「記事」のほか、法律文書の「条項」の意味でも使う。

Part 1 でる動詞①

Part 1 では人の動作・物の状態を表す動詞が解答のキーになります。知らない動詞をチェックしておきましょう。

- ☐ **pack** 〈荷物などを〉詰める
- ☐ **sweep** 掃く；掃除する
- ☐ **wipe** 拭く
- ☐ **polish** 磨く
- ☐ **mop** モップで拭く
- ☐ **row / paddle** 〈ボートなどを〉漕ぐ

▼センテンスで覚えよう！

What's the result of the tennis match?
そのテニスの試合の結果はどうなりましたか。

There is strong demand for single-family homes.
一世帯用の戸建て住宅に旺盛な需要がある。

He located a component fault in the photocopier.
彼はコピー機の部品の欠陥を突き止めた。

Have you read this article about our company?
私たちの会社についてのこの記事を読みましたか。

- [ ] **stow** 〈ものを〉しまう；詰める
- [ ] **pile / stack** 〈ファイルなどを〉積み重ねる
- [ ] **trim** 〈木などを〉刈り込む
- [ ] **bend** 身をかがめる
- [ ] **flow** 〈車などが〉流れる
- [ ] **hold** 手にもっている
- [ ] **fold** 〈衣類などを〉たたむ
- [ ] **load** 〈荷物を〉積み込む
- [ ] **pour** 〈お茶などを〉注ぐ

DAY 4 ビジネス・生活　400点レベル

▼ココに注目！

181 order [ɔ́ːrdər]
名 注文(品)；命令；順番；秩序

- 「注文」「注文品」の意味で頻出。動詞では order A from B (AをBに注文する) の from に注意。
- place an order (注文をする)

182 retail [ríːtèil]
名 小売り　形 小売りの

- wholesale (卸売り[の]) とセットで覚えよう。
- a retail outlet (小売店)

183 profit [práfət]
名 利益

- sales (売り上げ)、revenues (収入)、expenses (経費)、loss (損失) もチェックしておこう。

184 billing [bíliŋ]
名 請求

- 動詞は bill (請求する) で、その名詞形で「請求すること」を表す。bill には「(お金の) 紙幣」や「お勘定」の意味もある。

185 rent [rént]
名 賃貸料　他 貸す；借りる

- for rent (貸しに出されている)
- 派 rental 形 レンタルの　名 賃貸料

186 career [kəríər]
名 職業；仕事

- 個々の業務ではなく、「継続的に続ける職業」を指す。profession や occupation が類語。
- a career change (転職)

187 employee [èmplɔíiː]
名 社員；被雇用者

- employer が「雇用主」で、employee が「被雇用者」→「従業員；社員」。-ee は「される者」の意味の接尾辞。

188 management [mǽnidʒmənt]
名 経営(陣)；管理

- 「経営」「管理」だけでなく、人の集まりを指す「経営陣」の意味もある。「経営陣」の意味では集合名詞 (不可算名詞)。

▼センテンスで覚えよう！

(頻出)

Your order will be delivered this afternoon.
お客様の注文品は今日の午後に配送されます。

She's worked in retail for almost seven years.
彼女は7年近く、小売業界で働いてきた。

We expect a larger profit this year.
我々は今年、利益増を見込んでいる。

This company uses an automated system for billing.
この会社は請求に自動システムを使っている。

Rent for this apartment is $3,500 per month.
このマンションの賃貸料は月額3500ドルです。

The CFO started her career as an accountant.
最高財務責任者は会計係として仕事を始めた。

Our best employees normally become managers.
私たちの最も有能な社員がふつうはマネジャーになる。

(頻出)

Our management is now thinking of staff cuts.
当社の経営陣は今、人員削減を検討している。

DAY 4　ビジネス・生活　400点レベル

▼ココに注目！

189	**executive** [iɡzékjutiv]　名 経営幹部　形 経営陣の	ⓘ 取締役ら「経営者」を指す。動詞 **execute**（実行する；執行する）の派生語。
190	**department** [dipá:rtmənt]　名 部門	ⓘ 会社の「部・課」を指す。**division**、**section** が類語。「デパート」は **department store** と store を付ける。
191	**position** [pəzíʃən]　名 役職；仕事；位置	ⓘ「役職；仕事」で頻出。**post** が類語。 ⇒ **a secretarial position**（秘書の仕事）
192	**interview** [íntərvjù:]　名 面接；インタビュー　他 面接する	⚠ TOEIC では就職の「面接」の意味で頻出。**interviewer** が「面接官」で、**interviewee** は「面接を受ける人」。
193	**background** [bǽkɡràund]　名 経歴；背景	ⓘ 採用で候補者の「経歴」の意味でよく使う。**track record**、**experience** などが類語。
194	**graduate** [ɡrǽdʒuèit]　名 大学卒業生；《米》大学院生　自 卒業する	ⓘ 動詞で「卒業する(from)」、名詞で「大学卒業生」。「大学在学生」は **undergraduate** と言う。
195	**profession** [prəféʃən]　名 職業；専門職	ⓘ「職業」の意味で広く使えるが、「高度な訓練を要する専門職」というニュアンスがある。
196	**labor** [léibər]　名 労働(力)	⇒ **manual labor**（手作業） **a labor union**（《米》労働組合）

▼センテンスで覚えよう！

Only senior executives are coming to the meeting.
その会議には上級経営幹部だけが参加する。

(頻出)
I was assigned to this department in October.
私はこの部に10月に配属されました。

(頻出)
The company offered me a temporary position.
その会社は私に臨時の仕事を提示した。

He's preparing for many more job interviews.
彼は、もっとたくさんの仕事の面接を受ける準備をしている。

The company took interest in my biotech background.
その会社は私の生命工学の経歴に関心をもった。

We primarily hire elite business school graduates.
我々は主にエリート・ビジネススクールの卒業生を採用する。

Write your name and profession on the form.
フォームにお名前と職業をご記入ください。

The cost of labor there is rising.
その地域の労働コストは上昇している。

DAY 4　ビジネス・生活　400点レベル

▼ココに注目！

197 recruit [rikrú:t]
- 名 新入社員
- 他 (人材を) 募集する

🔊「募集する」という動詞とともに、募集された「新入社員」という名詞でも使う。a new recruit と new を付けることも。

198 lawyer [lɔ́iər | lɔ́:jər]
- 名 弁護士；法律家

- law (法律) + -er (人) → lawyer (法律家；弁護士)
- 類 attorney (弁護士；検事)

199 contract [kántrækt]
- 名 契約 (書)

- make [sign] a contract (契約を交わす)
  renew a contract (契約を更新する)
- 類 agreement (契約；合意)

200 crew [krú:]
- 名 (特殊技能の) チーム；(飛行機などの) 乗務員

🔊 特定の作業をするチームやグループを指し、集合名詞として使う。個々の人員は a crew member とする。

201 revenue [révənjù:]
- 名 収入；収益

🔊 主に企業や国などが得る「収入」を指す。
- annual revenues (年間収入)

202 income [ínkʌ̀m]
- 名 収入；所得

- in- (中に) + come (入ってくる) → income (収入)。
- earn an income (収入を得る)

203 expense [ikspéns]
- 名 費用；経費

- travel expenses (出張費)
  entertainment expenses (接待費)
- 派 expend 他 費やす

204 capital [kǽpətəl]
- 名 資本 (金)；大文字；首都

🔊「資本金」「大文字」の意味に注意。raise a capital (資本金を調達する)、write in capitals (大文字で書く)

▼センテンスで覚えよう！

These training sessions are for new recruits.
これら研修会は新入社員のためのものだ。

Our lawyer has won 95% of her cases.
私たちの弁護士は裁判の95%で勝訴している。

These companies signed a joint venture contract.
これらの会社は合弁事業契約に調印した。

The repair crew is working on the road.
補修チームが道路の作業をしている。

Increased sales made revenue higher this quarter.
売り上げが伸びて、今四半期の収入が増加した。

He gets his income from selling items door-to-door.
彼は商品を戸別に訪問販売して収入を得ている。

Department heads must submit monthly expense reports.
部門長は月次の経費報告書を提出しなければならない。

Large investors provided most of our startup capital.
大手の投資家が我々の起業の資本金のほとんどを提供してくれた。

DAY 4　ビジネス・生活　400点レベル

▼ココに注目！

205	**stock** [stάk]　名 在庫；株式	「在庫」で頻出。**in stock**（在庫があって）、**out of stock**（在庫切れで）。**inventory** が類語。
206	**return** [ritə́ːrn]　他 返品する　名 返品	「返品する」「返品」の意味で買い物のシーンで出る。**refund**（返金する）、**exchange/replace**（交換する）とセットで覚えておこう。
207	**receipt** [risíːt]　名 領収書；レシート；受領	商品の返品・返金・交換のシーンでよく出る。「受領」の意味では **on [upon] receipt of A**（Aを受領し次第）を覚えておこう。
208	**branch** [bræntʃ]　名 支社；支店；(木の) 枝	〈場所 + branch〉で各地の支店を表せる。**headquarters**（本社）、**subsidiary**（子会社）、**affiliate**（関連社）も覚えよう。
209	**cafeteria** [kæfətíəriə]　名 社員食堂	セルフサービスの「社員食堂」や「学生食堂」のこと。米語で、英国では **canteen** と言う。
210	**committee** [kəmíti]　名 委員会	動詞 **commit**（委ねる）の派生語で、**committee** で「委ねられた者」→「委員会」。**commission**、**panel**、**board** も「委員会」の意味がある。
211	**campaign** [kæmpéin]　名 宣伝活動；キャンペーン	原意は「目的達成のための組織的な活動」。ビジネスでは販売や宣伝のキャンペーンで使われる。「選挙活動」「軍事行動」にも使う。
212	**agency** [éidʒənsi]　名 代理店；(政府などの) 機関	**an advertisement agency**（広告代理店） 派 **agent** 名 取扱業者；代理人；(政府機関の) 職員

▼センテンスで覚えよう！

(頻出)

Sorry, but this item is out of stock.
すみませんが、この製品は在庫切れです。

(頻出)

Can I exchange or return this broken radio?
この壊れているラジオを交換か返品できますか。

(頻出)

No refunds can be given without receipts.
領収書がなければ返金をいたしかねます。

(頻出)

He will be transferred to the Mumbai branch.
彼はムンバイ支社に転勤になる。

The office cafeteria provides snacks at a discount.
会社の社員食堂は軽食を割引価格で提供する。

The committee recommended three candidates for president.
委員会は3人の候補者を社長に推薦した。

We're planning a fund-raising campaign next month.
私たちは来月、資金調達キャンペーンを計画しています。

The travel agency proposed three different vacation itineraries.
旅行代理店は3つの異なった休暇旅行の計画を提案した。

DAY 4　ビジネス・生活　400点レベル

▼ココに注目！

---

213 consumer [kənsúːmər]

名 消費者

- consumer confidence (消費意欲)
- 派 consume 他 消費する
- consumption 名 消費

---

214 device [diváis]

名 装置；機器

- ⚠「特定の目的を果たす機器・装置」を指し、可算名詞で使う。Part 1で注意。
- medical devices (医療機器)

---

215 equipment [ikwípmənt]

名 装置；機器

- ⚠集合名詞として不可算で使うので注意。これもPart 1で頻出。
- office equipment (事務機器)

---

216 machinery [məʃíːnəri]

名 (特に大きな) 機械類；(組織の) 機構

- ⚠集合名詞として不可算で使う。個々の「機械」はmachineである。

---

217 supply [səplái]

名 供給；(通例、複数) 用品

- office supplies (事務用品)で頻出。「用品」の意味では複数形。

---

218 finding [fáindiŋ]

名 (通例、複数) 調査結果；報告；所見

- ⚠動詞find (見つける)の名詞形で、「見つけたもの」→「調査結果；報告」の意味。

---

219 agriculture [ǽɡrikʌ̀ltʃər]

名 農業

- ⚠industry (工業)、mining (鉱業)、fishery (水産業)、forestry (林業)も覚えておこう。
- 派 agricultural 形 農業の

---

220 security [sikjúərəti]

名 安全；警備；有価証券

- ⚠複数で「有価証券；株式」の意味で使う。a securities firm (証券会社)
- security service (警備サービス)

▼センテンスで覚えよう！

This report is on high-income electronics consumers.
この報告書は、所得の高い電子機器の消費者に関するものだ。

We sell medical devices to large hospitals.
私どもは大手病院に医療機器を販売しています。

Take this equipment over to Factory 872.
この装置を872工場に運んでください。

This old assembly line machinery still works well.
この古い組み立てラインの機械類は、まだ良好に稼働している。

Sandra is in charge of ordering office supplies. (頻出)
サンドラは事務用品の注文を担当している。

I'll present our findings on the car market.
自動車市場についての私の調査結果を発表します。

The agriculture sector needs to be reformed.
農業セクターは改革する必要がある。

This system offers great security at a low price.
このシステムは安価に高度な安全を提供します。

DAY 4　ビジネス・生活　400点レベル

▼ココに注目！

---

221 board [bɔ́ːrd]

他 搭乗する

🛬 飛行機のほか、長距離バス・船などに乗り込むのに使う。Part 1 頻出。「(乗用車に) 乗る」は **ride** である。

---

222 luggage [lʌ́gidʒ]

名 荷物；旅行用かばん

📝 集合名詞として荷物の総称に使う。**baggage** も同意。
- **checked luggage**（預け入れ荷物）
  carry-on luggage（機内持ち込み手荷物）

---

223 departure [dipɑ́ːrtʃər]

名 出発

📝 **arrival**（到着）と対で覚えよう。飛行機旅行では、**destination**（目的地）、**transfer**（乗り換え）、**connection**（乗り継ぎ）も重要。

---

224 passenger [pǽsindʒər]

名 乗客

- **a passenger car**（乗用車）
  a passenger seat（[車の]助手席）

---

225 tour [túər]

名 ツアー；見学

📝 元の場所に戻ってくる「小旅行」を指す。**a factory tour** なら「工場見学」の意味。

---

226 sightseeing [sáitsìːiŋ]

名 観光

- **a sightseeing spot**（観光名所）
  a sightseeing tour（観光ツアー）

---

227 transportation [trænspərtéiʃən]

名 交通機関；運送

📝 動詞 **transport**（輸送する）の名詞形。**public transportation** は地下鉄やバスなどの「公共交通機関」。

---

228 round [ráund]

形 往復の；丸い　前 〜を回って

📝 旅行の場面で「往復の」の意味で使う。
- **a round trip**（往復旅行）

▼センテンスで覚えよう！

(頻出)

The passengers are now boarding the plane.
乗客は今、飛行機に搭乗しているところだ。

Passengers can track luggage via our Web site.
乗客は当社のウェブサイトを通して荷物を追跡できます。

What time is your boat departure?
あなたの船の出発は何時ですか。

Passengers are advised to keep ferry tickets safe.
乗客の皆様はフェリーの切符をしっかり保管してください。

We'll arrange tours to Mt. Fuji for you.
当社がお客様の富士山ツアーを手配しましょう。

Enjoy the sightseeing planned for the day!
本日予定されている観光をお楽しみください!

The Tokyo public transportation system is especially efficient.
東京の公共交通機関のシステムはきわめて効率的だ。

(頻出)

I'd like two round-trip tickets to Seoul.
ソウルまでの往復切符を2枚ください。

DAY 4　ビジネス・生活　400点レベル

▼ココに注目！

---

229 **parking** [páːrkiŋ]

名 駐車；駐車場

⚠️ 動詞 park は「(車を)駐める」。「駐車場」は a parking lot [place] とすることも。

---

230 **change** [tʃéindʒ]

名 小銭；つり銭

⚠️「小銭」「つり銭」の意味で使うので注意。「小銭」は small change とも言う。
💬 **Keep the change.** (おつりは取っておいて)

---

231 **clerk** [kláːrk]

名 事務員；店員

⚠️ 販売や記録、顧客対応など定型的な業務をする人を指す。
💬 **an office clerk** (事務員)
🔴 **clerical** 形 事務の

---

232 **furniture** [fáːrnitʃər]

名 家具

⚠️ 家具の総称で、集合名詞 (不可算) で使う。数える場合は **a piece of furniture** とする。
🔴 **furnished** 形 家具付きの

---

233 **stair** [stéər]

名 階段

👁 Part 1で頻出。単数で使えば「階段の1段」。「階段全体」は stairs と複数にするか、staircase を使う。

---

234 **parcel** [páːrsəl]

名 小包；(小)荷物

💬 **send [receive] a parcel** (小包を送る [受け取る])

---

235 **sign** [sáin]

名 標識；前兆　他 署名する

⚠️「標識」の意味で Part 1で注意。動詞では、契約書などに「署名する」の意味で使う。
💬 **a road sign** (道路標識)

---

236 **cross** [króːs]

他 横切る；渡る

⚠️ Part 1で、人が道路などを「渡る」写真に使われる。

▼センテンスで覚えよう！

Visitors can use our parking for free.
訪問客は無料で当社の駐車場を利用できます。

I have enough change for the parking meter.
駐車メーター用の小銭は十分ありますよ。

(頻出)

The shop clerk is wiping the windows.
店員が窓を拭いている。

Her room is decorated with chic furniture.
彼女の部屋はしゃれた家具で飾られている。

In case of emergency, use the stairs.
非常時には階段を使ってください。

(頻出)

To track parcels, enter tracking numbers below.
荷物を追跡するには、以下に追跡番号を入力してください。

Here's a simple guide to Japanese traffic signs.
こちらが日本の交通標識の簡単なガイドです。

Pedestrians are not allowed to cross the bridge.
歩行者がその橋を渡ることは許されていない。

DAY 4　ビジネス・生活　400点レベル

▼ココに注目！

237	**direction** [dərékʃən]　名 方向；指示	😊 Part 1で人や車の流れの「方向」を表す。前置詞の in と組み合わせる。 ● **in the opposite direction** (反対方向に)
238	**neighborhood** [néibərhùd]　名 近所；近所の人々；（特定の）地域	⚠️「近所」のほか、集合的に「近所の人々（neighbors）」や、例文のように「特定の地域」を表すこともできる。
239	**climate** [kláimət]　名 気候；雰囲気	⚠️ 自然の「気候」のほか、お店の「雰囲気」を指すこともできる。 ● **business climate** (景況)
240	**temperature** [témpərətʃər]　名 気温；体温	⚠️「気温」と「体温」の両方で使う。**thermometer** も「温度計」と「体温計」のどちらにも使える。

Part 1 でる動詞②

- [ ] **operate** 操作する
- [ ] **arrange** 〈機械などを〉調整する
- [ ] **adjust** 調節する
- [ ] **handle** 取り扱う
- [ ] **install** 設置する
- [ ] **demonstrate** 〈製品などを〉実演する

▼センテンスで覚えよう！

頻出

Traffic is flowing smoothly in all directions.
車はすべての方向にスムーズに流れている。

My house is in a quiet neighborhood.
私の家は静かな地域にある。

Our office climate is positive and team-oriented.
私たちのオフィスの雰囲気は良好で、チーム一丸になっている。

The temperature will possibly remain below zero.
気温はおそらく氷点下にとどまるでしょう。

- ☐ **remove** 取り除く；取り外す
- ☐ **overlook** 〈建物などが風景を〉見下ろす
- ☐ **surround** 取り囲む
- ☐ **try on** 〈服を〉試着する
- ☐ **put on** 〈衣類を〉着る
- ☐ **pick up** 取り上げる
- ☐ **line up** 〈人が〉並ぶ
- ☐ **point at** 〈指先などで〉指し示す
- ☐ **lean against** 〈壁などに〉もたれかかる

DAY 5　イディオム　400点レベル

▼ココに注目！

241	**as well as** 〜と同様に	⦿ as well だと「同様に」の意味。
242	**at ease** 気楽に；のんびりして	◉ feel at ease（気楽にする）
243	**at first** 初めのうちは	⦿ for the first time（初めて）と区別して覚えよう。
244	**at home** 国内で；自宅で；くつろいで	⦿「自宅で」のほかに、「国内で（domestically）」の意味で使う。 ◉ at home and abroad（国の内外で）
245	**at least** 少なくとも	反 at most（せいぜい）
246	**at once** すぐに	⦿ immediately、right away、right now などが類語。
247	**at the same time** 同時に	∽ 同意の simultaneously も覚えておこう。言い換えに注意。
248	**because of** 〜という理由で；〜のために	⦿ owing to、due to が同意。

▼センテンスで覚えよう！

頻出

She speaks Russian, as well as German.
彼女はドイツ語と同様にロシア語も話す。

Please feel at ease in our store.
当店ではお気楽にお過ごしください。

His job seemed very difficult at first.
彼の仕事は初めのうちは非常に難しく思えた。

President Chu is only popular at home.
チュー大統領は国内で人気があるだけだ。

He spent at least nine weeks on this project.
彼はこのプロジェクトに少なくとも9週間費やした。

She reported at once to her commander.
彼女はすぐに指揮官に報告した。

She's leading several projects at the same time.
彼女は同時にいくつかのプロジェクトを指揮している。

頻出

Our picnic was canceled because of the rain.
私たちのピクニックは雨のために中止になった。

DAY 5 イディオム 400点レベル

▼ココに注目！

#	見出し	注目ポイント
249	**due to** 〜が原因で；〜によって	be due to do で「do することになっている」と予定を表す表現になる。
250	**both A and B** AとBのどちらも	Part 5 で both か and を選ばせる問題が出る。
251	**each other** お互いに	one another も同意。
252	**either A or B** AかBのどちらか	Part 5 で either か or を選ばせる問題が出る。
253	**for a while** しばらくのうちは	while は名詞で「しばらくの間」。after a while で「しばらく経って」。
254	**from now on** 今後は（ずっと）	for now なら「今のところ」と短い未来の期間を表す。
255	**in charge of** 〜を担当して；〜を管理して	TOEICでは、社員の担当業務を示すのに頻出。Part 2 でもよく出るので聞いてもわかるように。
256	**in fact** 実のところ；それどころか	前言を補足・強化したり、前言を訂正したりする。つなぎ言葉としても使う。Part 6 注意。

▼センテンスで覚えよう！

He's CEO due to his leadership abilities.
彼はその指導する能力によりCEOを務めている。

(頻出)

Both accounting and IT are important departments.
経理も情報技術のどちらも重要な部門だ。

Our design team members always help each other.
私たちのデザインチームのメンバーはいつも互いに助け合う。

(頻出)

Either Kevin or Regina will become our supervisor.
ケヴィンかレジーナのどちらかが私たちの上司になる。

The next bus won't arrive for a while.
次のバスはしばらく来ないでしょう。

From now on, send me a weekly report.
今後は私に週間報告書を送ってください。

(頻出)

Andy is in charge of research and development.
アンディは研究開発を担当している。

Eve enjoys music; in fact, she loves it.
イヴは音楽を楽しんでいる。実のところ、音楽を愛しているのだ。

DAY 5 イディオム 400点レベル

▼ココに注目！

257	**in front of** 〜のすぐ前に	反 in the rear of (〜の後ろに；〜の背後に)
258	**in the future** 将来は；これからは	似 in the near future (近い将来は)
259	**in time for** 〜に間に合って	in time to do で「do するのに間に合って」。
260	**instead of** 〜ではなく；〜の代わりに	instead は単独で副詞として「そうではなく」という意味で使う。
261	**neither A nor B** A も B も〜ない	Part 5 で neither または nor を選ぶ問題が出る。nor は or でも可。
262	**next to** 〜の隣に；〜の次に	next to each other で「隣り合って」。
263	**no later than** 〜までに；〜より遅れることなく	期限を切る表現として使う。
264	**no longer** もはや〜ない	not 〜 any longer も同意で使える。

▼センテンスで覚えよう！

Set these boxes **in front of** the door.
これらの箱をドアの前に置いてください。

In the future, call me with any problems.
これからは、問題があったら私に電話してください。

She arrived **in time for** the seminar.
彼女はそのセミナーに間に合うように到着した。

頻出

Instead of fish, let's have steak tonight.
今夜は、魚ではなくステーキをいただきましょう。

頻出

Neither city ferries **nor** buses are expensive.
市営フェリーもバスもどちらも運賃は高くない。

Could I sit **next to** you?
あなたの隣に座ってもよろしいですか。

頻出

Please e-mail him **no later than** tomorrow.
明日までに彼にメールを打ってください。

He's **no longer** with our firm.
彼は当社にはもうおりません。

DAY 5 イディオム 400点レベル

▼ココに注目！

265	**not only A but also B** AばかりでなくBもまた	⦿Part 5で注意。also は省略可。
266	**on duty** 勤務中で	⦿duty は「業務；職務」の意味。 🈲**off duty**（勤務時間外で；休みで）
267	**out of order** 故障して；不調で	⦿**in order**（正常に機能して；調子よく）とセットで覚えよう。
268	**so far** これまでのところ	⦿**So far so good.**（今のところ順調だ）は決まり文句。
269	**such as** たとえば〜など	⦿as の後ろに具体例を続ける。
270	**under way** 進行中で	🅜under は「進行中で」を表す。**under construction**（建設中で）、**under review**（検討中で） 🔵**get under way**（始まる）
271	**be about to** *do* まもなく〜する； まさに〜しようとしている	⦿予定を表す **be going to do** と違って、行動・状態が差し迫っているときに使う。
272	**be absent from** 〜を欠席する；〜を休む	⦿**be late for**（〜に遅れる）も覚えておこう。

▼センテンスで覚えよう！

(頻出)

She's not only smart, but also decisive.
彼女は頭が切れるばかりでなく、決断力もある。

He's on duty for the next 12 hours.
彼はこれから12時間、勤務に就く。

(頻出)

This snack machine is out of order.
このスナックの機械は故障しています。

Production is problem-free so far this year.
生産は今年、これまでのところ問題がない。

No pets, such as dogs, are allowed.
犬などのペットは入場できません。

Our trip got under way in Vancouver.
私たちの旅行はバンクーバーで始まりました。

She's about to buy a new home.
彼女は新しい家を購入しようとしている。

How long has he been absent from work?
彼はどれくらい仕事を休んでいるのですか。

DAY 5　イディオム　400点レベル

▼ココに注目！

273	**be likely to** *do*	ⓘ It is likely that ~ (~しそうだ) という表現もある。
	~しそうだ	

274	**belong to**	ⓘ belongings は「持ち物；私物」の意味。
	~に属する	

275	**call for**	類 require（必要とする；要求する）
	~を求める	

276	**carry out**	ⓘ conduct、perform が類語。
	~を実行する	

277	**check out**	ⓘ 買い物で「支払いをする」、図書館で「(本を)借り出す」という意味もある。 反 check in（[ホテル・飛行機などの]チェックインをする）
	チェックアウトする； 支払いをする	

278	**depend on**	ⓘ It [That] depends.（場合によるね；ケースバイケースだね）は会話での決まり文句。
	~に依存する；~次第だ	

279	**feel free to** *do*	メールに頻出。Don't hesitate to *do* も同様に使える。
	自由に~する；遠慮なく~する	

280	**fill out [in]**	ⓘ アンケートなどの書式に「記入する」のに使う。fill out も fill in も同様に使える。
	~に記入する	

▼センテンスで覚えよう！

He's likely to choose a new receptionist soon.
彼はすぐにも新しい受付係を選ぶでしょう。

Whom does this pair of shoes belong to?
この靴はだれのものですか。

(頻出)

The situation calls for strong action.
状況は力強い行動を求めている。

We have to carry out her directions.
私たちは彼女の指示を実行しなければならない。

Are you ready to check out of the room?
部屋をチェックアウトする準備はできていますか。

Mr. Lee depends on us to finish quickly.
リーさんがすばやく完了できるかは私たち次第だ。

(頻出)

Feel free to contact me whenever necessary.
必要なときにはいつでも、遠慮なく私に連絡してください。

(頻出)

Please fill out this medical history form.
この医療履歴用紙にご記入ください。

DAY 5　イディオム　400点レベル

▼ココに注目！

281	**focus on** 〜に焦点を当てる	⑦ Part 5 で **on** が問われることがある。
282	**get off** (乗り物から) 降りる	反 **get on** ([乗り物に]乗る)
283	**go ahead** 先へ進む；進行する	⑦ 目的語を続けるときには **with** を使う。 **go ahead with the project** (そのプロジェクトを進行する) 類 **proceed** (進行する)
284	**keep up with** 〜に (遅れず) ついていく； 〜の最新情報に通じている	⑦ **keep abreast of** も同意。
285	**lay off** 〜を解雇する	⑦「解雇する」は他に **fire**、**dismiss**、**let go** などの表現がある。
286	**look forward to** 〜を楽しみに待つ	⚠ **to** 以下は名詞・動名詞なので注意。動詞原形は続けられない。
287	**make sure** 確かめる	⑦ **make sure** の後ろは〈**of** 名詞〉〈**that** 節〉〈疑問詞節〉が続けられる。類語は **check** や **ensure** など。
288	**pick up** 〜を取り上げる； 〜を車で出迎える	⑦ 空港などにお客さんを「車で迎えに行く」という場面でよく使う。一方、「(車で) 送る」は **drop off**。

▼センテンスで覚えよう！

We have to focus on cost control.
我々は経費管理に焦点を当てなければならない。

Let's get off at the next stop.
次のバス停で降りましょう。

Go ahead, and I'll catch up with you.
先に行ってください、追いつきますから。

It's hard to keep up with market trends.
市場のトレンドについていくのは難しい。

They laid off 2,000 workers at the company.
彼らは会社の2千人の労働者を解雇した。

(頻出)

I truly look forward to our next meeting.
次にお会いできるのを心待ちにしています。

(頻出)

Make sure that the room has enough chairs.
部屋に十分な椅子があることを確かめてください。

(頻出)

He'll pick up Larry from the airport.
彼が空港でラリーを出迎えます。

DAY 5 イディオム 400点レベル

▼ココに注目！

289	**point out** ～を指摘する	⏺動詞 point は「指し示す」の意味で、Part 1 で人が指や指示棒で何かを示す場面で出る。**point to A**（Aを指し示す）
290	**put off** ～を延期する	⏺類語の **postpone** や **reschedule** も覚えておこう。これらの言い換えに注意。
291	**put on** ～を身につける	⏺「身につける行為」を表す。「身につけている状態」は **wear** を使う。
292	**refer to** ～を参照する；～に言及する	⏺Part 6, 7 の指示文でおなじみ。
293	**see off** ～を見送る	⏺空港や駅などで人を「見送る」ときに使う。
294	**set up** ～を設定する；～を設置する	**set up a company**（会社を設立する） **set up a booth**（ブースを設置する）
295	**take off** （飛行機が）離陸する； （計画などが）軌道に乗る	⏺「（飛行機が）着陸する」は **land** や **touch down** を使う。
296	**take place** 開催される；起こる	⏺イベントなどが「開催される」、事件などが「起こる」という意味で使う。

▼センテンスで覚えよう！

He pointed out that the software was outdated.
彼はそのソフトが時代遅れになっていると指摘した。

We can't put off a decision any longer.
我々は決定をこれ以上延ばせない。

I'd better put on a winter jacket.
冬のジャケットを着るほうがよさそうだ。

(頻出)

Please refer to page 27 in the book.
この本の27ページをご参照ください。

I'll see off Patricia at the train station.
私はパトリシアを駅で見送ります。

They set up a stage in the park.
彼らは公園に舞台を設置した。

(頻出)

We'll be taking off for Beijing shortly.
私たちはまもなく北京に向けて離陸いたします。

(頻出)

When will the meeting take place?
会議はいつ開かれるのですか。

DAY 5　イディオム　400点レベル

▼ココに注目！

297	**try on**　〜を試着する	Part 1では進行形で「(服を)試着している」場面が出る。
298	**turn off**　(電気などを)消す・切る	反 turn on (点ける)
299	**used to** *do*　(昔は)〜したものだ	be used to doing (〜するのに慣れている)と区別しよう。
300	**work for**　(会社など)で働く	勤めている会社・団体を続ける。What do you work for? (どちらにお勤めですか)

でるコロケーション

TOEIC でよく出る〈動詞 + 名詞〉のコロケーションです。Part 5 でターゲットになることがあります。

- **assume office**　就任する
- **conduct a research**　研究を実施する
- **deliver a speech**　スピーチをする
- **do a favor**　手を貸す；役立つ
- **draw attention**　注目を集める
- **file a claim**　要請をする
- **found a company**　会社を設立する
- **hold a party [meeting]**　パーティー[会議]を開く
- **make an appointment**　アポイントを取る

▼センテンスで覚えよう！

(頻出)

Can I try on these jeans?
このジーンズを試着してもいいですか。

She turned off the lights.
彼女は照明を消した。

He used to swim every morning.
彼は毎朝、泳いでいた。

She works for a library.
彼女は図書館で働いている。

- ☐ **make progress** 進歩する
- ☐ **meet a deadline** 締め切りを守る
- ☐ **miss a target** 目標を逃す
- ☐ **place an order** 注文する
- ☐ **play a role** 役割を果たす
- ☐ **raise money [stock]** 資金 [資本金] を調達する
- ☐ **reach a conclusion** 結論に達する
- ☐ **seal [close] a deal** 取引をまとめる
- ☐ **set [fix] a date** 日時を設定する
- ☐ **take action** 行動する
- ☐ **take responsibility** 責任を負う
- ☐ **take the minutes** 議事録を取る

でる職業人

職業人の名称は、TOEIC全般に出るほか、Part 3, 4 の選択肢にも使われます。

- **accountant** 会計士；経理担当
- **cashier** 会計係
- **secretary** 秘書
- **researcher** 研究者
- **author** 作家
- **novelist** 小説家
- **poet** 詩人
- **painter** 画家
- **architect** 建築家
- **librarian** 図書館員
- **curator** （美術館などの）学芸員
- **carpenter** 大工
- **gardener** 庭師
- **plumber** 配管工
- **janitor** 掃除係；用務員
- **mechanic** 機械工；修理工
- **usher** （劇場などの）案内係
- **security guard** 警備員
- **governor** 知事
- **mayor** 市長；町村長
- **politician** 政治家
- **city official** 公務員
- **shop clerk** 店員
- **athlete** スポーツ選手
- **performer** 芸人；役者
- **principal** 校長
- **entrepreneur** 企業家
- **restaurateur** レストラン経営者
- **real estate agent** 不動産業者
- **pharmacist** 薬剤師

STEP 2

500点レベル
超頻出の基本300語

DAY 6	動詞（60語）	96
DAY 7	形容詞・副詞（60語）	112
DAY 8	名詞（60語）	128
DAY 9	ビジネス・生活（60語）	144
DAY 10	イディオム（60語）	160

音声トラック

41 ▶ 80

DAY 6　動詞　500点レベル

▼ココに注目！

301 file [fáil]
他 ファイルする　自 申請する

- Part 1では「ファイルする」の意味で出る。
- file for bankruptcy (破産を申請する)

302 attach [ətǽtʃ]
他 (メールに) 添付する；貼り付ける

- attach A to B (AをBに添付する)
- attachment 名 添付ファイル

303 last [lǽːst]
自 続く；持続する

- 動詞の用法に注意。continue や keep on と同様の意味で使う。

304 import [impɔ́ːrt]
他 輸入する　名 [´-] 輸入

- export (輸出する) とペアで覚えよう。どちらも名詞としても使う。

305 urge [ə́ːrdʒ]
他 促す；説得する　名 衝動

- urge A to do (Aを do するように促す) の用法が重要。
- urgent 形 緊急の
  urgency 名 緊急性

306 prefer [prifə́ːr]
他 ～より好む

- prefer A to [over] B (BよりAを好む)
  prefer to do (do するほうがいい)
- preference 名 好み；ひいき

307 exchange [ikstʃéindʒ]
他 交換する；両替する
名 交換；両替

- 買い物の場面でよく出る。exchange A for B で「AをBに交換する」。

308 calculate [kǽlkjəlèit]
他 計算する；推定する

- calculation 名 計算
  calculator 名 計算機
- compute (計算する)

▼センテンスで覚えよう！

Where should I file these papers?
これらの書類をどこにファイルすべきでしょうか。

He attached the file to an e-mail. (頻出)
彼はそのファイルをメールに添付した。

Experts predict high oil prices won't last.
石油の高価格が続くことはないと、専門家は予測する。

The company imported goods from Central America.
その会社は中央アメリカから商品を輸入した。

She urged voters to support her campaign for governor.
彼女は有権者に彼女の知事選を支援してくれるよう促した。

Would you prefer a table indoors or on our balcony?
テーブルは屋内とバルコニーのどちらがよろしいですか。

Feel free to exchange your purchase within 30 days. (頻出)
ご購入品は30日以内であれば交換させていただきます。

This financial software will calculate the project costs.
この財務ソフトがプロジェクトの経費を計算する。

DAY 6　動詞　500点レベル

▼ココに注目！

309	**require** [rikwáiər] 他 要求する；〜を必要とする	💬 require が導く that 節は仮定法現在を使い、動詞が原形になることに注意。 派 **requirement** 名 要件；必需品
310	**postpone** [poustpóun] 他 延期する；先送りにする	⚠ 動詞を続けるときには postpone doing と動名詞にして、不定詞は続けられない。
311	**increase** [inkríːs | ́ ‐] 他 増やす；高める 自 増える；高まる	⚠ decrease (減少する；減少させる) とセットで覚えよう。どちらも名詞としても使う。
312	**reduce** [ridjúːs] 他 減少させる　自 減少する	⚠ 大きさ・数量・価格などを「減らす」のに使う。 派 **reduction** 名 減少
313	**persuade** [pərswéid] 他 説得する；納得させる	慣 **persuade A to do [into doing]** (Aを説得して do させる) 派 **persuasion** 名 説得 **persuasive** 形 説得力のある
314	**tend** [ténd] 自 〜する傾向がある	⚠ **tend to do** (do する傾向がある) でよく使う。**be inclined to do** も同様の意味。 派 **tendency** 名 傾向
315	**fill** [fíl] 他 満たす；埋め尽くす	⚠ **be filled with** (〜でいっぱいである) という受け身でもよく使う。
316	**hang** [hǽŋ] 他 掛ける；取り付ける 自 掛かっている	⚠ Part 1 で壁などに物が掛かっている描写に使われる。活用は hang-hung-hung。

▼ センテンスで覚えよう！

Entrance to the park requires a $5.25 fee.
公園への入場には 5.25 ドルの料金がかかります。

(頻出)
The firm postponed the launch of a line of coffees.
その会社は、コーヒーのシリーズを発売するのを延期した。

He increased the number of staff in his department.
彼は自分の部門の社員数を増やした。

The firm reduced its reliance on older equipment.
その会社は古い設備への依存を下げた。

(頻出)
Have you persuaded the board to accept our proposal?
役員会に私たちの企画を承認するよう説得できましたか。

He tends to be a very bold and decisive leader.
彼は非常に勇気があり、決断力のあるリーダーというタイプだ。

They filled the showroom with the newest appliance models.
彼らはショールームを最新の家電モデルで満たした。

These tools must be hung on the wall rack.
これらの道具は壁のラックに掛けなければなりません。

DAY 6　動詞　500点レベル

▼ココに注目！

317 entertain [èntərtéin]
他 楽しませる；接待する

- entertain a client (顧客を接待する)
- 派 entertainment 名 娯楽；気晴らし

318 appear [əpíər]
自 ～のように見える；現れる

- ⚠ appear to be (～のようである) でよく使う。
- 派 appearance 名 外観；見かけ；出現

319 confirm [kənfə́:rm]
他 確認する

- 派 confirmation 名 確認
- 関 reconfirm (再確認する)

320 remind [rimáind]
他 気づかせる；思い出させる

- remind A of [about] B (AにBについて思い出させる) の前置詞 of [about] に注意。
- 派 reminder 名 思い出させるもの・事

321 operate [ápərèit]
他 運営する；操作する
自 作動する；手術する

- operate a machine (機械を操作する)
- 派 operation 名 運営；操作；手術
  operative 形 稼働している；効果のある

322 maintain [meintéin]
他 整備する；維持する；主張する

- ⚠ 機械などを「整備する」、関係などを「維持する」の意味でよく使う。maintain that ～の形は「～と主張する」の用法。
- 派 maintenance 名 整備；維持；主張

323 improve [imprú:v]
他 よくする；上達させる
自 よくなる

- ⚠ 自動詞として、improve on (～を改良する) という動詞句として使える。
- 派 improvement 名 改良；上達

324 extend [iksténd]
他 拡大する；延長する；(支援などを) 施す

- extend a deadline (締め切りを延期する)
- 派 extensive 形 広範囲の
  extension 名 延長；(電話の)内線

▼センテンスで覚えよう！

The comedian entertained guests with funny jokes.
コメディアンはおかしなジョークで観客を楽しませた。

He appears to be doing well in his new position.
彼は新しい職務をうまくこなしているようだ。

(頻出)

I'm calling to confirm my flight reservation.
フライトの予約を確認するために電話をしています。

(頻出)

Thanks for reminding me about the meeting.
会議について気づかせてくれてありがとう。

The company operates two warehouses in the province.
会社はその地方で2棟の倉庫を運営している。

They have to maintain the production machines.
彼らは生産機械を整備しなければならない。

(頻出)

Your feedback helps us improve customer service.
あなたの意見は当社が顧客サービスをよくするのに役立ちます。

He extended his stay in Europe by three days.
彼はヨーロッパ滞在を3日間延長した。

DAY 6 動詞 500点レベル

▼ココに注目！

325	**handle** [hǽndl] 他 処理する；対処する 名 取っ手	🖉「処理する」「対処する」の意味でよく出る。**Handle With Care**（取り扱い注意）は荷物に貼るシールの文字。
326	**accept** [əksépt] 他 受け入れる；受け取る	🖉 **Please accept my apologies.**（お詫びいたします）は謝罪の決まり文句。 派 **acceptable** 形 受け入れられる
327	**reject** [ridʒékt] 他 拒否する；不採用にする	🖉「きっぱりと拒否する」というニュアンス。 類 **refuse**（拒否する；辞退する） **turn down**（〜を却下する；〜を断る）
328	**consume** [kənsjúːm] 他 消費する；消耗する	派 **consumer** 名 消費者 **consumption** 名 消費
329	**resign** [rizáin] 自 他 辞任する；退職する	🖉「（職位から）辞任する」という意味でよく使う。**step down**、**leave** が類語。 派 **resignation** 名 辞任
330	**congratulate** [kəngrǽtʃəlèit] 他 祝う；祝福する	🖉 **congratulate A on B**（BのことでAを祝う）の前置詞 on に注意。 派 **congratulation** 名 お祝い；祝辞
331	**include** [inklúːd] 他 含む	🖉 反意語の **exclude**（除外する）とセットで覚えよう。 派 **inclusive** 形 含めて；込みの **including** 前 〜を含めて
332	**contain** [kəntéin] 他 含む；（感情などを）抑える	🖉 名詞の **container**（容器）は Part 1 で注意。 派 **content** 名 内容 類 **comprise**（〜から成る）

▼センテンスで覚えよう！

He can handle the tight deadline for this project.
彼はこのプロジェクトの厳しい納期に対処することができる。

(頻出)

This store accepts all major credit cards.
この店はすべての主要なクレジットカードを受け付けます。

The firm rejected the merger offer.
その会社は合併の申し出を拒否した。

The steel factory consumes a lot of energy daily.
その製鋼工場は毎日、大量のエネルギーを消費する。

(頻出)

She resigned after 36 years at the firm.
彼女はその会社に36年間勤めた後、退職した。

(頻出)

She congratulated him on winning the literature award.
彼女は文学賞を受賞したとして彼を祝福した。

Does this analysis include data from last quarter?
この分析には前四半期のデータが含まれていますか。

These boxes contain items for the spring sale.
これらの箱には春のセールの品物が入っている。

DAY 6　動詞　500点レベル

▼ココに注目！

333 involve [inválv]
他 含む；関わらせる

⚠ involve oneself in または be involved in で「〜に参加 [従事] する」。

334 complain [kəmpléin]
自 クレームをつける；文句を言う

⚠ 自動詞で使う。complain to A about B (BについてAにクレームをつける) の形で覚えたい。
派 complaint 名 クレーム；文句

335 apologize [əpɑ́lədʒàiz]
自 詫びる

⚠ 自動詞で使う。apologize to A for B (Bという理由でAに詫びる) の形で覚えよう。

336 publish [pʌ́bliʃ]
他 出版する

派 publisher 名 出版社
publication 名 出版物

337 release [rilíːs]
自 公表する；発売する
名 公表；発売

● release a statement (声明を発表する)
release a new product (新製品を発売する)

338 seek [síːk]
他 探し求める　自 探す

⚠ 変化は seek-sought-sought。
構 seek to do (do しようとする)
● seek a job (仕事を探す)

339 update [ʌpdéit]
他 刷新する；最新のものにする
名 [´ `] 最新情報

⚠ up- (上方へ) + date (日付を書く) = update (刷新する)。「最新情報」の意味の名詞でも頻出。

340 provide [prəváid]
他 提供する；与える

⚠ provide A with B = provide B for A (AにBを提供する) の形は必須。provided that 〜 (〜を条件として) の構文もよく出る。

▼センテンスで覚えよう！

We'd better involve our manager in this decision.
私たちはこの決定に上司を関わらせるべきだ。

He complained about the poor quality of the TV.
彼はそのテレビの低い品質についてクレームをつけた。

(頻出)

We apologize for the train delay.
列車が遅れていることをお詫びいたします。

The latest edition of the magazine was published yesterday.
その雑誌の最新号が昨日、出版された。

The year-end report was released to shareholders.
年度末報告書が株主に公表された。

Our firm seeks to increase its market share next year.
我々の会社は来年、市場占有率を増やそうとしている。

(頻出)

I'll update you on this issue when I know more.
この件については、さらによくわかれば、最新の情報をお伝えします。

The company provides safety gear to all construction site visitors.
建設現場の訪問者には全員に、会社は安全装備を提供します。

DAY 6 　動詞　500点レベル

▼ココに注目！

341 correct [kərékt]
他 訂正する
形 正しい；ふさわしい

- ⓘ「ミスを正す」というニュアンス。
- correct typos（誤植を訂正する）
- 派 correction 名 訂正

342 deliver [dilívər]
他 届ける；(演説などを) 行う

- deliver a speech（演説をする）
- 派 delivery 名 配送；話しぶり

343 distribute [distríbjət]
他 配る；流通させる

- distribute products（製品を流通させる）
- 派 distribution 名 分配；配送；流通
- distributor 名 配送会社；流通会社

344 attract [ətrǽkt]
他 引きつける；誘導する

- attract attention（注意を引きつける）
- 派 attractive 形 魅力的な
- attraction 名 魅力；呼び物

345 state [stéit]
他 述べる；〜と言う

- ⓘ state は名詞で「状態；国家；(米国の) 州」。
- 構 state that 〜（〜と述べる）
- 派 statement 名 声明；申し立て

346 renew [rinjúː]
他 更新する

- ⓘ 契約や定期購読を「更新する」場面で出る。
- 派 renewal 名 更新

347 deposit [dipázət]
他 預金する；預ける
名 預金

- ⓘ「(お金を) 引き出す」は withdraw を使う。

348 participate [pɑːrtísipèit]
自 参加する

- ⓘ participate in（〜に参加する）の形で覚えよう。
- 派 participation 名 参加
- participant 名 参加者

▼センテンスで覚えよう！

He **corrected** some errors in the report.
彼は報告書のいくつかのミスを訂正した。

You have to **deliver** these supplies to the rear entrance.
これらの物品は裏玄関のほうに届ける必要がある。

Could you **distribute** these memos to the department staff?
これらのメモを部門の社員に配ってもらえますか。

The restaurant's Sunday buffet usually **attracts** many diners.
そのレストランの日曜日のビュッフェはいつも多くの食事客を引きつける。

He **stated** that his background was in chemistry.
彼は自分の専門が化学であると述べた。

Customers can easily **renew** Internet service with that telecom company.
顧客はその通信会社とのインターネット・サービスを簡単に更新できる。

You can **deposit** your personal belongings at the front desk.
個人の持ち物は受付に預けることができます。

I hope that everyone will **participate** in this training enthusiastically.
だれもがこの研修に積極的に参加することを期待しています。

DAY 6　動詞　500点レベル

▼ココに注目！

349 host [hóust]
他 主催する；司会をする
名 主宰者；司会者

- host a party (パーティーを主催する)
  host a show (番組の司会をする)

350 concentrate [kánsəntrèit]
自 集中する；専念する

- 自動詞であることに注意。concentrate on (〜に集中する) の形で覚えておこう。
- 派 concentration 名 集中；専念

351 prevent [privént]
他 妨げる；防止する

- prevent A from doing (Aがdoしないようにする) の形は必須。
- 派 preventive 形 防止するための

352 enable [inéibl]
他 〜することを可能にする

- en- (する) + able = enable (可能にする)
- 構 enable A to do (Aがdoすることを可能にする)

353 sort [sɔ́ːrt]
他 分類する；整理する
名 種類

- sort e-mails (メールを分類する)
- 類 classify (分類する)
  organize (整理する)

354 describe [diskráib]
他 (具体的に) 説明する；描写する

- 「描写するように具体的に述べる」というニュアンス。
- 派 description 名 説明；描写
- 類 illustrate (例解する)

355 locate [lóukeit | -́ -]
他 (位置を) 見つける；位置づける

- 受け身の be located in [at] (〜に位置している) で、会社の所在地を示すのによく使う。be based on で「〜に本社を置く」。

356 treat [tríːt]
他 応対する；治療する；おごる

- I'll treat you to dinner. (食事をおごるよ) は会話の決まり文句。treat a patient で「患者を治療する」。
- 派 treatment 名 取り扱い；治療

▼センテンスで覚えよう！

The convention center hosted an international investment conference.
そのコンベンションセンターは国際的な投資会議を主催した。

She concentrated hard on the assignment.
彼女はその仕事に一生懸命に集中した。

Guards prevent anyone without proper ID from entering the building.
守衛は適切な身分証を持たない人間が建物内に入らないようにする。

Store membership enables you to get great discounts. （頻出）
店の会員になれば、大きな割引を受けることができる。

Please sort all of these papers on the desk.
デスクの上にあるこれら書類を全部、整理してください。

He described his background to the seminar attendees.
彼は自分の経歴をセミナーの出席者に説明した。

They found out where the damaged power line was located.
彼らは損傷を受けた電線がどこにあるかを突き止めた。

We treat our customers with upmost respect.
私どもはお客様に最高の敬意を払って応対します。

DAY 6　動詞　500点レベル

▼ココに注目！

357 disappoint [dìsəpóint]
他 失望させる

⚠ 物・事が「(人を)失望させる」ときは disappointing、人が「失望する」ときは disappointed になる。

358 suffer [sʌ́fər]
他 被る　自 ～に苦しむ

⚠ 自動詞では suffer from A (Aに苦しむ) と、前置詞 from を使う。

359 survive [sərváiv]
他 ～から生き延びる
自 生き残る

● survive a crisis (危機を乗り切る)
派 survival 名 生き残ること

360 violate [váiəlèit]
他 違反する；侵害する

● violate a regulation (規則に違反する)
派 violation 名 違反；侵害

でるつなぎ言葉①

2文を論理的につなぐ言葉は、Part 6 でターゲットになります。よく出るものをチェックしておきましょう。

〈順接〉

- [ ] **so** だから
- [ ] **therefore** それゆえに
- [ ] **hence** それゆえに
- [ ] **accordingly** それを受けて
- [ ] **consequently** 結果的に
- [ ] **as a result** その結果

▼センテンスで覚えよう！

He was disappointed by not getting the promotion.
彼は昇格しなかったことに失望した。

The town suffered little damage from the flood.
その町は洪水の被害をほとんど被らなかった。

The company was barely able to survive the recession.
その会社は景気後退からかろうじて生き延びることができた。

The firm never violates national accounting standards.
会社は決して国の会計原則に違反していない。

〈逆接〉

- **still** にもかかわらず
- **but yet** だが、それでも
- **however** しかしながら
- **nonetheless / nevertheless notwithstanding / despite that** それにもかかわらず
- **even so** それでもなお

DAY 7　形容詞・副詞　500点レベル

▼ ココに注目！

361	**eager** [íːgər] 形 熱心な；〜したがって	横 be eager to do (do したがる) be eager for A (Aを求めている)
362	**proper** [prápər] 形 適当な；固有の	a proper way (適当な方法) 横 proper to A (Aに固有の) 派 propriety 名 適切さ；礼儀
363	**suitable** [súːtəbl] 形 適当な；ふさわしい	suit (最適である) + able (できる) = suitable (適当な)。
364	**punctual** [páŋktʃuəl] 形 時間に正確な	人や時計が「時間に正確である」と形容するのに使う。on time が類語。
365	**positive** [pázətiv] 形 積極的な；好意的な	顧客の反応が「好意的な」という意味でよく使う。 反 negative (消極的な；否定的な)
366	**opposite** [ápəzit] 形 逆の；反対側の	opposite to A (Aとは逆の) の前置詞 to に注意。 opposite views (反対意見)
367	**entire** [intáiər] 形 全体の；全部の	one's entire life (全生涯) the entire plan (計画の全体) 派 entity 名 実態；(会社などの)組織
368	**domestic** [dəméstik] 形 国内の；家庭の	「国内の」と「家庭の」の2つの意味で使う。 a domestic airport (国内線空港) domestic chores (家事)

▼センテンスで覚えよう！

He's eager to take a leadership role at the firm.
彼は会社でリーダーの役割を発揮しようと熱心だ。

Please wear proper attire to the ballroom dance.
社交ダンスに適当な服装をしてください。

Is this movie suitable for children?
この映画は子供に適当ですか。

She's always punctual in her meeting attendance.
彼女が会議に参加するのはいつも時間通りだ。

Consumer feedback on this product was generally positive. (頻出)
この製品に対する消費者の意見は概ね好意的だった。

Our office cubicles are opposite one another.
私たちのオフィスブースは向かい合っている。

Did you watch the entire TV news program?
そのテレビニュース番組を全部見ましたか。

That is a domestic firm that sells goods overseas.
それは国内企業だが、海外で製品を販売している。

DAY 7　形容詞・副詞　500点レベル

▼ココに注目！

---

369 broad [brɔ́ːd]

形 幅の広い；広範囲に及ぶ

- a broad staircase（幅の広い階段）
  broad experience（幅広い経験）
- 派 broaden 他 広くする
  breadth 名 幅

---

370 extensive [iksténsiv]

形 広い；広範な

- 動詞 extend（広げる）の形容詞形。反意語の intensive（集中的な；徹底的な）とセットで覚えよう。

---

371 obvious [ábviəs]

形 明らかな

- It's obvious that ~（~は明らかだ）
- 類 clear（明快な）
  evident（明らかな）

---

372 plain [pléin]

形 明白な；平易な；無地の

- plain English（シンプルな英語）
  a plain shirt（無地のシャツ）

---

373 reasonable [ríːzənəbl]

形 (値段が) 手頃な；合理的な

- 「値段が手頃な」の意味でよく出る。a reasonable decision なら「合理的な決断」。
- 派 reason 名 理由；根拠 他 推論する

---

374 reliable [riláiəbl]

形 信頼できる；頼もしい

- rely（頼る）＋ able（できる）＝ reliable（信頼できる）。
- 派 reliability 名 信頼性
- 類 dependable（信頼できる）

---

375 stable [stéibl]

形 安定した；持続性のある

- a stable condition（安定した状態）
  a stable relationship（安定した関係）
- 派 stabilize 他 安定させる

---

376 brief [bríːf]

形 簡潔な；短い

- a brief account（簡潔な説明）
- brief and to the point（簡潔で要点を突いている）
- 類 concise（簡潔な）

▼センテンスで覚えよう！

This report contains a broad outline of the project.
この報告書はプロジェクトの幅広い全体像を含んでいる。

The city train station needs extensive repairs.
その市電の駅は広範な修理が必要だ。

The market potential of this item is obvious.
この商品の市場での可能性は明らかだ。

Her presentation was plain enough to understand easily.
彼女のプレゼンは簡単に理解できるくらい平易だった。

(頻出)
We sell good quality wine at reasonable prices.
私たちは高品質のワインを手頃な価格で販売しています。

He's a reliable warehouse worker.
彼は信頼できる倉庫作業員だ。

Company sales from January 1 to date have been stable.
1月1日から今まで会社の売り上げは安定している。

He made a brief introduction to his presentation.
彼は自分のプレゼンについて簡潔な導入を行った。

DAY 7　形容詞・副詞　500点レベル

▼ココに注目！

377 complete [kəmplíːt]
形 完全な；徹底した
他 完了する

- a complete set（完全なセット）
- a completely surprise（まったくの驚き）
- 派 completely 副 完全に；まったく

378 effective [iféktiv]
形 有効な；能力のある

- ⚠「能力のある」の意味で人の形容にも使える。
- 構 effective from ~（~［期日］から有効な）

379 efficient [ifíʃənt]
形 効率的な；（人が）有能な

- ⚠ これも「有能な」の意味で人にも使える。
- an efficient accountant（優秀な会計士）
- 派 efficiency 名 効率性；手際の良さ

380 flexible [fléksəbl]
形 柔軟な；融通の利く

- ⚠ 動詞 flex（動かす）の形容詞形。スケジュールの形容によく使う。
- 派 flexibility 名 柔軟性

381 pleasant [plézənt]
形 楽しい；快適な

- a pleasant surprise（嬉しい驚き）
- 反 unpleasant（不快な）

382 delighted [diláitid]
形 喜んでいる

- ⚠ 動詞 delight（喜ばせる）の過去分詞。be delighted with [at, to do] の形でよく使う。
- 派 delightful 形 愉快な；気持ちのいい

383 comfortable [kʌ́mfərtəbl]
形 快適な；心地よい

- a comfortable sofa（快適なソファ）
- 派 comfort 名 快適さ
- 類 cozy（快適な）

384 attractive [ətræktiv]
形 魅力的な；興味をそそる

- ⚠ 動詞 attract（魅惑する；引きつける）の形容詞形。appealing、inviting などが類語。

▼センテンスで覚えよう！

This dessert makes the meal complete.
このデザートにより、食事は完全なものになる。

He's effective at leading business teams.
彼はビジネス・チームを率いる能力がある。

We have to be more efficient in our production.
我々は生産活動をもっと効率的にしなければならない。

I'm flexible enough to work either weekends or weekdays.
私は週末勤務にも週日勤務にも十分に柔軟な対応ができます。

He had a very pleasant journey to Jamaica last month.
彼は先月、ジャマイカにすばらしく楽しい旅行をした。

(頻出)
We're delighted to have you at the convention.
会議にご出席いただき喜ばしく思います。

I'm comfortable accepting more responsibility.
喜んでもっと責任を引き受けます。

Current property prices are attractive to many buyers.
現在の不動産価格は多くの購入者に魅力的だ。

DAY 7　形容詞・副詞　500点レベル

▼ココに注目！

385	**boring** [bɔ́:riŋ] 形 うんざりさせる；つまらない	⚠ 動詞 bore（うんざりさせる）の現在分詞。過去分詞 bored なら「（人が）うんざりした」。 ◻ a boring job（退屈な仕事）
386	**nervous** [nə́:rvəs] 形 心配して；緊張して	⚠ 名詞 nerve（神経）の形容詞形。 ㊦ be nervous about（〜を心配する）
387	**luxurious** [lʌgʒúəriəs] 形 ぜいたくな；豪華な	⚠ 名詞 luxury の形容詞形。luxury も形容詞として luxurious と同じ意味で使える。
388	**valuable** [vǽljəbl] 形 価値のある；立派な	⚠ value（評価する）＋ able（できる）＝ valuable（価値のある）。invaluable は「計り知れないくらい価値がある」の意味なので注意。
389	**wealthy** [wélθi] 形 裕福な；豊富な	◻ wealthy in natural resources（天然資源に富んだ） 派 wealth 名 富 類 affluent（裕福な；豊富な）
390	**significant** [signífikənt] 形 重要な；（数量が）相当な	⚠「（数量が）相当な」の意味でよく出る。a significant increase（大幅な上昇） 派 significantly 副 かなり；著しく
391	**informative** [infɔ́:rmətiv] 形 （情報などが）役に立つ	⚠ 名詞 information（情報）の形容詞形。スピーチやセミナーの形容によく使う。 ◻ an informative lecture（役に立つ講義）
392	**initial** [iníʃəl] 形 最初の；初めの	◻ the initial phase（最初の段階） 派 initiative 名 自発性；イニシアチブ 　 initialize 他 初期化する

▼センテンスで覚えよう！

The audience thought the drama was simply boring.
観客は、その演劇がただただつまらないと思った。

He was nervous about the job interview.
彼は仕事の面接について心配していた。

That café atmosphere is especially luxurious.
そのカフェの雰囲気はとりわけ豪華だ。

She's an exceptionally valuable executive.
彼女は稀に見る立派な経営者だ。

His property holdings made him very wealthy.
彼は不動産を所有することによってとても裕福になった。

She owned a significant amount of stocks and bonds.
彼女は相当な数の株式と債券を保有している。

She thought the technology seminar was quite informative.
彼女はその技術セミナーがとても役立つと思った。

What are your initial thoughts on this proposal?
その企画について、あなたの最初の意見はどんなものですか。

DAY 7 形容詞・副詞　500点レベル

▼ココに注目！

393 **primary** [práimèri]
形 主要な；初期段階の

- a primary goal (第一の目標)
  a primary course (初級コース)
- 反 secondary (副次的な；中等の)

394 **complicated** [kámpləkèitid]
形 複雑な；入り組んだ

- 動詞 complicate (複雑にする) の過去分詞。
- 類 complex (複雑な；複合的な)
  intricate (込み入った)

395 **qualified** [kwálifàid]
形 資格のある；能力・技能のある

- 動詞 qualify (資格を与える) の過去分詞。
- 構 be qualified for (〜に適任である)
- 派 qualification 名 資格；適性

396 **superior** [supíəriər]
形 優れている　名 上司

- 名詞で「上司」の意味で使う。
- 構 superior to A (Aより優れている)
- 反 inferior (劣っている)

397 **independent** [ìndipéndənt]
形 独立している；無関係の

- be independent of (〜から独立している) の形でよく使う。前置詞 of に注意。
- 派 independence 名 独立

398 **intelligent** [intélidʒənt]
形 知性的な；頭がいい

- 派 intelligence 名 知性
- 類 clever (利口な；抜け目ない)
  smart (頭がいい；知的な)

399 **manual** [mǽnjuəl]
形 手を使う；肉体労働の
名 取扱説明書

- manual work (肉体労働；手作業)

400 **individual** [ìndəvídʒuəl]
形 個人の；個別の　名 個人

- an individual life (個人の生活)
  one's individual style (人の個別のスタイル)

▼センテンスで覚えよう！

The primary market of the firm is Eastern Europe.
その会社の主要な市場は東ヨーロッパだ。

This scientific analysis is quite complicated.
この科学的な分析はきわめて複雑なものだ。

Are you qualified to operate this machine? (頻出)
この機械を操作する資格をもっていますか。

This audio player is superior to other brands. (頻出)
このオーディオプレイヤーは他のブランドのものより優れている。

He hopes to attract more independent voters.
彼はさらに多くの無党派の有権者を取り込みたいと考えている。

She's intelligent enough to attend a top university.
彼女は最上位の大学に入るのに十分なほど頭がいい。

That low-tech factory needs much manual labor.
その技術水準の低い工場は多くの手作業を必要とする。

She's on an individual insurance plan.
彼女は個人保険プランに加入している。

DAY 7　形容詞・副詞　500点レベル

▼ココに注目！

401 additional [ədíʃənəl]
形 追加の；さらなる

- additional charge (追加料金)
  additional information (追加情報)

402 aware [əwéər]
形 意識している；わかっている

- be aware of (〜を意識している[わかっている])の形で覚えよう。
- 派 awareness 名 認識；自覚

403 strict [stríkt]
形 厳格な；厳重な

- a strict rule (厳格なルール)
  a strict vegetarian (厳格な菜食主義者)
- 反 loose (緩い)

404 mutual [mjú:tʃuəl]
形 相互の；共通の

- mutual understanding (相互の理解)
  mutual funds (投資信託)
- 類 reciprocal (相互の；互恵的な)

405 precise [prisáis]
形 精密な；正確な

- to be precise (正確に言えば)
- 派 precision 名 正確さ；精度

406 net [nét]
形 正味の；最終的な

- a net profit で「純利益＝税引き後利益」。反意語は gross で、a gross profit は「粗利益」。

407 ordinary [ɔ́:rdənèri]
形 普通の；一般的な

- an ordinary life (普通の生活)
- 類 usual (普通の)
  average (平均的な)

408 secure [sikjúər]
形 安全な；安定した
他 確保する

- 動詞もよく使う。secure a job (仕事を確保する)
- 派 security 名 安全；安定

▼センテンスで覚えよう！

The store operates additional hours during the holidays.
その店は休暇シーズンには時間を延長して営業する。

He's aware of the challenges facing the firm.
彼は会社が直面する課題をわかっている。

She's strict about her daily exercise routine.
彼女は日課にしている運動について厳格だ。

Although competitive, the athletes had mutual respect.
選手たちは競争心があるが、互いに尊敬の念をもっていた。

She wants our financial estimate to be more precise.
彼女は私たちの財務見通しをもっと正確にするように求めている。

The investment became a net gain for the firm.
その投資は会社に正味の利益をもたらした。

You'll have to fill out some ordinary paperwork.
一般的な書類に記入していただく必要があります。

The airport is secure against almost any threat.
この空港はほとんどあらゆる脅威に対して安全です。

DAY 7　形容詞・副詞　500点レベル

▼ココに注目！

409 practical [prǽktikəl]
形 実際の；現実的な

- 名詞 practice（練習；実践）の形容詞形。
- **a practical solution**（現実的な解決策）

410 up-to-date [ʌ̀ptədéit]
形 最新の；現代的な

- 反意語の **out-of-date**（時代遅れの）とセットで覚えよう。ハイフンなしで、副詞として使える。
- **up-to-date equipment**（最新機器）

411 moreover [mɔːróuvər]
副 さらに；そのうえ

- 前文の内容に対して、何かを付け加えるつなぎ言葉として使う。Part 6 頻出。

412 otherwise [ʌ́ðərwàiz]
副 そうでないと；それ以外は；別なふうに

- 「そうでないと (or)」「それ以外は (in other respects)」「別なふうに (differently)」という3つの使い方ができる。Part 6 注意。

413 besides [bisáidz]
副 さらに；それに
前 〜のほかに

- 前文に対して、さらに内容を付加するときに使う。Part 6 のつなぎ言葉の問題で注意。

414 instead [instéd]
副 その代わりに；そうではなく

- 前文の内容を否定して、別の内容を示すのに使う。Part 6 注意。

415 actually [ǽktʃuəli]
副 本当のところ；実は

- 形容詞 actual（実際の）の副詞形。会話では、「ところで」「話は変わるけれど」の意味で文頭に置いてよく使う。

416 unfortunately [ʌnfɔ́ːrtʃənətli]
副 残念ながら；不幸にも

- 不採用通知など、よくないことを知らせるときの前置きに使う。Part 6 注意。

▼センテンスで覚えよう！

He's a practical manager who thinks carefully.
彼は慎重に考える現実的なマネジャーだ。

Is this software up-to-date?
このソフトは最新のものですか。

That mayor is bold; moreover, she is hard-working.
その市長は大胆だ。そのうえ、彼女は勤勉だ。

Check this spreadsheet again; otherwise, many errors may be overlooked.
この表計算シートをもう一度確認してください。そうでないと、多くのミスが見逃されるかもしれません。

Why invite him? Besides, he wouldn't come anyway.
どうして彼を招待するの？ それに、どのみち彼は来ないでしょう。

(頻出)
We don't need the bus; we'll walk home instead.
我々はバスは必要ありません。代わりに歩いて帰宅します。

He appears weak but is actually quite strong.
彼は弱々しく見えるが、実は非常に強い。

(頻出)
Unfortunately, our parking lot is completely full.
残念ながら、私どもの駐車場は満車になっています。

DAY 7　形容詞・副詞　　500点レベル

▼ ココに注目！

417	**especially** [ispéʃəli] 副 特に；とりわけ	ⓘ 後に続く言葉を強調するのに使う。
418	**definitely** [défənətli] 副 確かに；確実に	ⓘ 形容詞 definite（明確な）の副詞形。会話では強い肯定の応答として **Definitely!**（本当に！）と言う。
419	**gradually** [grǽdʒuəli] 副 徐々に；だんだんと	ⓘ 形容詞 gradual（徐々の）の副詞形。企業活動や業績の変化を表現するのによく使う。
420	**immediately** [imí:diətli] 副 ただちに；直接に	ⓘ 「ただちに (at once)」と「直接に (directly)」の2つの意味がある。

でるつなぎ言葉②

〈付加〉

- □ **besides**　そのうえ
- □ **moreover**　さらには
- □ **furthermore**　さらには
- □ **likewise**　同様に
- □ **in addition**　それに加えて

▼センテンスで覚えよう！

He is **especially** good at repairing appliances.
彼は家電製品の修理が特に得意だ。

Our Vietnam office will **definitely** open in December.
私たちのベトナム事務所は、12月には確実に開設されます。

The company **gradually** expanded its product line. (頻出)
その会社は徐々に製品ラインを拡大していった。

Report any assembly line problems to me **immediately**.
組み立てラインの問題はただちに私に報告してください。

〈その他〉
- **otherwise** そうでなければ［否定の条件］
- **subsequently** その後に［時間の前後関係］
- **in contrast** 対照的に［比較］
- **on the other hand** 一方で［比較］
- **that is to say** すなわち［言い換え］
- **to sum up** 要約すると［要約］

DAY 8 名詞 500点レベル

▼ココに注目！

421 attendee [ətèndíː]
名 出席者

- attend (出席する) + -ee (その状態にある人) = attendee (出席者)。
- 派 attendant 名 接客係

422 conference [kánfərəns]
名 会議；総会

- 「公式の会議」というニュアンス。通例、何日にもわたる大きな規模の会議に使われる。

423 proposal [prəpóuzəl]
名 提案；企画案；(結婚の) プロポーズ

- make a proposal は「提案をする」と「プロポーズをする」の意味で使う。「プロポーズをする」は propose とは言わない。

424 sector [séktər]
名 業界；部門

- 「事業・産業の分野」の意味で出る。
- an agricultural sector (農業部門)
- 類 field (分野)

425 negotiation [nigòuʃiéiʃən]
名 交渉

- 動詞 negotiate (交渉する) の名詞形。
- under negotiation (交渉中で)
- 派 negotiator 名 交渉担当者
  negotiable 形 交渉余地のある

426 applicant [ǽplikənt]
名 応募者；志願者

- 社員募集への「応募者」の意味で頻出。a job applicant (仕事への応募者) や a successful applicant (採用された応募者) の表現もよく出る。

427 candidate [kǽndidèit]
名 候補者

- 人材採用のテーマで必須。applicant と同じように使う。「(絞り込んだ) 最終候補者」は shortlist と呼ぶ。

428 vote [vóut]
名 投票；票決 自 投票する

- 構 a vote for [against] A (Aへの賛成 [反対] 票)
- 類 ballot (投票)
  poll (投票 [数]；世論調査)

▼センテンスで覚えよう！

All convention <u>attendees</u> are asked to wear nametags. （頻出）
会議の<u>出席者</u>は全員が名札を付けることを求められる。

Over 1,200 biology experts came to the <u>conference</u>.
1200人を超える生物学の専門家がその<u>会議</u>に参加した。

Her group submitted a <u>proposal</u> on cost control.
彼女のグループは経費管理についての<u>企画案</u>を提出した。

Do you have any experience in the oil <u>sector</u>?
石油<u>業界</u>での経験がありますか。

How long have the supplier <u>negotiations</u> lasted?
サプライヤーとの<u>交渉</u>はどれくらい続いているのですか。

There were 2,000 <u>applicants</u> for only 800 job openings.
800件だけの就職口に2千人の<u>応募者</u>があった。

She interviewed all of the job <u>candidates</u>.
彼女はその仕事の<u>候補者</u>全員と面接をした。

The CEO needs at least 50.1% of shareholder <u>votes</u>.
CEOになるには、株主の最低50.1%の<u>票</u>を必要とする。

DAY 8　名詞　500点レベル

▼ココに注目！

---

429 anniversary [ǽnivə́ːrsəri]
名 記念日

- 会社の「創立記念日」の意味で出る。
- celebrate an anniversary（記念日を祝う）

---

430 award [əwɔ́ːrd]
名 賞　他（商品などを）授与する

- award-winning（受賞歴のある）は人を紹介する場面で頻出。
- an annual award（年間大賞）

---

431 balance [bǽləns]
名 残高；差額；均衡

- 仕事では「残高；差額」の意味でよく使う。
- the unpaid balance（未払い残高）

---

432 quarter [kwɔ́ːrtər]
名 四半期；4分の1；地区

- 会計期間の「四半期」で頻出。企業の業績を述べる場面でよく使われる。
- a residential quarter（住宅地）
- 派 quarterly 形 四半期の 副 四半期で

---

433 complaint [kəmpléint]
名 苦情；クレーム

- 顧客からの「クレーム」の意味でよく使う。claim は「主張；要求」の意味なので注意。
- 派 complain 自 苦情を言う

---

434 respect [rispékt]
名 尊敬；事項

- 2つの意味があることを押さえたい。
- respect for each other（互いの尊重）
- in every respect（あらゆる点で）

---

435 influence [ínfluəns]
名 影響　他 影響を与える

- have an influence on ～（～に影響を及ぼす）
- 派 influential 形 影響力の強い

---

436 operation [ὰpəréiʃən]
名 運営；操作；手術；（軍事）作戦

- 動詞 operate の名詞形。「（店の）運営；（会社の）経営」「（機械類の）操作」の意味で出る。

▼ センテンスで覚えよう！

When is your wedding anniversary?
あなたの結婚記念日はいつですか。

She won an award for her article on African wildlife.
彼女はアフリカの野生動物についての記事で賞を獲得した。

(頻出)

What's the balance in my account right now?
私の口座の残高は今いくらですか。

The company hopes to meet its revenue targets next quarter.
会社は次の四半期の収入目標を達成できると期待している。

We look seriously into all customer complaints.
我々は顧客のすべてのクレームを真剣に検証します。

That poet earned a lot of respect.
その詩人はとても尊敬されていた。

The size of the firm gave it much market influence.
その会社は規模が大きいので、市場に大きな影響を与えた。

She has responsibility for store operations.
彼女は店の運営に責任をもっている。

DAY 8 　名詞　　500点レベル

▼ココに注目！

---

437 performance [pərfɔ́ːrməns]

名 実行；実績；演奏

- 動詞 perform (実行する) の名詞形。
- performance evaluation (実績[勤務]評価)

---

438 progress [prágrəs]

名 進歩；進展

- make progress (進歩する)
- in progress (進行中で)

---

439 theme [θíːm]

名 テーマ；趣旨

- カタカナの「テーマ」と異なる発音に注意。
- subject (話題；議題)

---

440 view [vjúː]

名 意見；眺め

- 「意見 (opinion)」と「眺め (sight)」の意味でよく使う。a room with good views で「眺めのいい部屋」。

---

441 research [ríːsəːrtʃ | -´-]

名 研究；調査
他 研究する；調査する

- conduct [carry out] research (調査をする)
- researcher 名 研究員

---

442 deadline [dédlàin]

名 締め切り；納期

- meet [miss] a deadline (締め切りを守る[に間に合わない]) は重要な表現。

---

443 material [mətíəriəl]

名 素材；原材料

- organic material (有機生産の素材)
- teaching materials (教材)

---

444 method [méθəd]

名 方法；手段

- production methods (生産方法)
- a novel method (新規な方式)

▼センテンスで覚えよう！

I'm satisfied with your performance here so far.
あなたのこの会社における今までの実績に私は満足しています。

How much progress have you made in your product tests?
製品テストでどれくらいの進歩がありましたか。

What's the theme of your house party?
あなたのホームパーティーの趣旨は何ですか。

He changed his views on modern art.
彼は現代美術についての自分の意見を変えた。

The research has confirmed our initial theory.
その研究は私たちの当初の理論を立証した。

The deadline to complete this report has almost arrived.
この報告書を完成する締め切り日は来たも同然だ。

That airplane is made of various durable materials.
その航空機はさまざまな耐久性の高い素材で作られている。

We're improving our method of steelmaking.
我々は製鋼の方法を改良しているところだ。

DAY 8 名詞　　　500点レベル

▼ココに注目！

---

445 quality [kwάləti]
名 性質；品質

- quantity (量) とセットで覚えよう。
- quality of life (生活の質)

---

446 cooperation [kouὰpəréiʃən]
名 協力

- 動詞 cooperate (協力する) の名詞形。
- 類 collaboration (協業)

---

447 option [άpʃən]
名 選択肢；選択権

- another option (もう1つの選択肢)
- 派 optional 形 自分で選べる

---

448 purpose [pə́:rpəs]
名 目的；用途；趣旨

- for the purpose of (〜という目的で)
  on purpose (故意に)

---

449 aim [éim]
名 目標；照準　自 目指す；狙う

- 「行動の指針となる目標」の意味で使われる。類語の goal は「仕事や人生の長期的な到達目標」のニュアンス。

---

450 gain [géin]
名 利益；増加　他 獲得する

- 「利益」の意味では profit や return と言い換え可能。
- a price gain (価格の上昇)

---

451 opportunity [ὰpərtjú:nəti]
名 機会；好機

- opportunity to do (doする機会)
- provide an opportunity (機会を提供する)
- 類 chance (機会；チャンス)

---

452 status [stéitəs]
名 地位；状況

- the order status (注文の状況) は買い物の後の問い合わせでよく使う表現。

▼センテンスで覚えよう！

We guarantee the quality of our office supplies.
我々は当社のオフィス用品の品質を保証いたします。

We appreciate your cooperation with our security checks. (頻出)
当方の安全検査へのご協力に感謝いたします。

He said that a machinery upgrade was the best option.
彼は機械の刷新が最良の選択肢だと言った。

What's the purpose of this red button?
この赤いボタンの目的は何ですか。

The aim of the company is to always innovate.
会社の目標は常に創造性を発揮することだ。

The firm expected a 15% gain on its investment.
その会社はその投資に15％の利益を期待した。

He is looking for new international business opportunities. (頻出)
彼は新しい国際ビジネスの機会を探している。

What's your employment status?
あなたの雇用状況はどんなものですか。

DAY 8　名詞　500点レベル

▼ココに注目！

---

453 practice [præktis]
名 実践；練習
他 実践する；練習する

熟 put A into practice (Aを実行に移す)
派 practical 形 実践的な；実用的な

---

454 conflict [kánflikt]
名 (予定の) 重複；対立
自 重複 [対立] する

⚠ TOEIC では「(予定の) 重複」の意味で頻出。自動詞で、**conflict with A** で「Aと重複 [対立] する」のように使える。

---

455 amount [əmáunt]
名 量；金額　自 合計〜になる

例 the amount due (支払うべき金額)

---

456 procedure [prəsí:dʒər]
名 手順；手続き

例 follow a procedure (手順に従う)

---

457 function [fʌ́ŋkʃən]
名 機能；職務；行事
自 機能する

例 social functions (社交行事)

---

458 aspect [ǽspekt]
名 側面；観点

例 a different aspect (別の面)
from every aspect (あらゆる面から)

---

459 aid [éid]
名 援助　他 支援する

例 an aid worker (援助隊員)

---

460 emergency [imə́:rdʒənsi]
名 緊急事態；非常時

例 an emergency exit (非常口)
派 emerge 自 急に現れる
emerging 形 新興の
emergence 名 出現

▼センテンスで覚えよう！

She mastered the violin after years of practice.
彼女は何年もの練習の末にバイオリンをマスターした。

I have a conflict and can't attend today's meeting.
予定がぶつかっていて、今日の会議には出席できません。

The digital system reduces the amount of office paperwork.
そのデジタルシステムは、オフィスの書類仕事の量を削減する。

She's familiar with technical repair procedures.
彼女は技術的な修理手順をよく知っている。

What function does this device serve?
この機器にはどんな機能があるのですか。

He analyzed many aspects of the deal.
彼はその取引の多くの側面を分析した。

Food aid was passed out to the city poor.
食料援助がその都市の貧しい人々に配給された。

(頻出)
Please exit the building in case of an emergency.
非常時にはビルを退去してください。

DAY 8　名詞　500点レベル

▼ココに注目！

461 honor [ánər]
名 光栄；尊敬

- It's a great honor to do (do できることは誠に光栄です) は決まり文句。
- 派 honorable 形 尊敬すべき；名誉ある

462 applause [əplɔ́:z]
名 拍手 (喝采)；称賛

- 動詞 applaud (拍手する) の名詞形。
- 類 clapping (拍手)

463 greeting [grí:tiŋ]
名 あいさつ

- 動詞 greet (あいさつする) の名詞形。holiday greetings は「休暇シーズン [クリスマス] のあいさつメッセージ」。

464 suggestion [səgdʒéstʃən]
名 提案；アドバイス

- 動詞 suggest (提案する) の名詞形。動詞も名詞も後続の that 節は仮定法現在で、動詞は原形になる。

465 statement [stéitmənt]
名 声明；明細書；申し立て

- 動詞 state (述べる) の名詞形。
- a bank statement (銀行取引明細書)

466 summary [sʌ́məri]
名 要約；概要

- 動詞 summarize (要約する) の名詞形。abstract や outline が類語。
- a brief summary (簡単な要約)

467 property [prápərti]
名 財産；不動産

- intellectual property (知的所有権)
- 類 real estate (不動産)

468 household [háushòuld]
名 世帯；家族
形 家庭の；家事の

- 形容詞としてもよく使う。household garbage (家庭ごみ)

▼センテンスで覚えよう！

She gained great honor by volunteering in poor areas.
彼女は貧困地域でボランティア活動を行うことによって深い尊敬を得た。

The concert earned much applause from the audience.
そのコンサートは、聴衆から大きな拍手を受けた。

Staff are trained to give polite greetings to all customers.
スタッフはすべての顧客に丁寧にあいさつするように訓練されている。

She accepted his suggestion to revise her analysis.
彼女は、彼女の分析を訂正すべきとの彼のアドバイスを受け入れた。

The president made a few brief statements on her policies.
大統領は彼女の政策について短い声明をいくつか発表した。

Send me a summary of the meeting in an e-mail.
メールで、会議の概要を私に送ってください。

Do you own this property or lease it?
あなたはこの不動産を所有しているのですか、それとも借りているのですか。

Her household includes both parents and grandparents.
彼女の世帯には両親と祖父母が含まれている。

DAY 8　名詞　500点レベル

▼ココに注目！

469	**region** [ríːdʒən] 名 地域；領域	地理的な「地域」のほか、学問や活動の「領域」の意味でも使う。 派 **regional** 形 地域の；地方の
470	**site** [sáit] 名 土地；現場	**a factory site** (工業用地) **on site** (現場で)
471	**attitude** [ǽtitjùːd] 名 態度；心構え	「精神的な態度」を指すことが多い。**posture** は「身体的な姿勢」でよく使う。
472	**manner** [mǽnər] 名 やり方；礼儀	「礼儀」という意味では通例、複数。**road manners** (路上マナー) **in an efficient manner** (効率的な方法で)
473	**stuff** [stʌ́f] 名 (漠然と)もの・事；食べ物・飲み物	さまざまなもの・事を漠然と指す。 **load the stuff** (ものを積み込む) **sweet stuff** (甘いもの)
474	**concern** [kənsə́ːrn] 名 心配事；関心　他 関係する	**concerning** は「〜に関して」の意味の前置詞。 **concerns for safety** (安全への懸念)
475	**atmosphere** [ǽtməsfìər] 名 雰囲気；大気	職場やレストランなどの「雰囲気」の意味でよく使う。 **a relaxed atmosphere** (ゆったりした雰囲気)
476	**environment** [inváiərənmənt] 名 環境；周囲の状況	**office environment** (職場環境) **protect the environment** (環境を護る)

▼センテンスで覚えよう！

Her hometown is in the southern region of Romania.
彼女の故郷はルーマニアの南方地域にある。

(頻出)

This construction site is closed to the public.
この建設現場には一般市民は立ち入りできない。

He keeps a positive attitude, even during crises.
彼は危機的なときでも、前向きな態度をとり続ける。

We didn't agree with the manner in which the technicians worked.
我々は、技術者たちの働き方に同意できなかった。

How much stuff does this bag hold?
このバッグにはどれくらいのものが入りますか。

(頻出)

Please inform a cabin attendant of any concerns.
どんな心配事でも客室乗務員にお伝えください。

The café has a South American atmosphere.
そのカフェは南アメリカの雰囲気をもっている。

Our firm is committed to protecting the natural environment.
我々の会社は自然環境の保護に取り組んでいます。

DAY 8　名詞　500点レベル

▼ココに注目！

477 guideline [gáidlàin]
名 指針；ガイドライン

- follow guidelines (指針に従う)

478 rear [ríər]
名 後部；背後

- ⚠ in the rear of (～の後部[背後]に) は Part 1 で注意。

479 generation [dʒènəréiʃən]
名 世代

- the younger generation (若手世代)
- generations ago (何世代も前に)

480 reminder [rimáindər]
名 思い出させるもの；確認；督促状

- ⚠ remind (思い出させる) + -er (するもの) = reminder (思い出させるもの)。「督促状」の意味でも使う。

でる相関語句

相関語句とは、2つの語がペアで使われて構文をつくるものです。Part 5 でペアの一方を選ばせる問題が出ます。

- ☐ **both A and B**　AとBのどちらも
- ☐ **either A or B**　AかBのどちらか
- ☐ **neither A nor B**　AもBも～ない
- ☐ **not A but B**　AではなくB

▼センテンスで覚えよう！

These national guidelines apply to manufacturing firms. 頻出
これらの国のガイドラインは製造会社に適用される。

She placed her luggage in the rear of the bus.
彼女はバスの後ろに荷物を置いた。

The newest generation of this computer is quite sophisticated.
このコンピュータの最新版はきわめて高機能だ。

I'm calling with a reminder about your clinic appointment. 頻出
あなたが診療所に来るアポイントの確認をするために電話しています。

- [ ] **not only A but also B** AばかりでなくBもまた
- [ ] **so 形容詞・副詞 that ~** とても…なので~
- [ ] **such 名詞 that ~** とても…なので~
- [ ] **whether A or B** AかBか

DAY 9　ビジネス・生活　500点レベル

▼ココに注目！

481	**account** [əkáunt] 名 顧客；(銀行などの) 口座；説明	「顧客 (client)」の意味に要注意。 ▪ a bank account (銀行口座) a brief account (短い説明)
482	**accountant** [əkáuntənt] 名 経理担当者；会計士	account と間違えないように。 ▪ CPA (certified public accountant) (公認会計士)
483	**board of directors** 取締役会	board (会議) + directors (取締役) = board of directors (取締役会)。単に the board とすることもある。
484	**colleague** [káli:g] 名 同僚	一緒に仕事をする「同僚」のことで、coworker、fellow worker とも言う。
485	**supervisor** [sú:pərvàizər] 名 管理者；上司	supervise (管理する) + -or (する人) = supervisor (管理者) ▪ one's direct supervisor (直属の上司)
486	**human resources** 人材；人事部	resources は「素材；資源」の意味で、human resources で「人材」。会社の「人事部」の意味で使うこともある。その場合、略記は HR。
487	**job vacancy** 求人；ポストの空席	vacancy は「空き」の意味で、job vacancy で「ポストの空席」→「求人」。
488	**résumé** [rézəmèi] 名 履歴書	フランス語より。curriculum vitae (CV) とも言う。なお、アクセント記号のない resume は「再開する」という動詞なので区別しよう。

▼センテンスで覚えよう！

That company is one of our most important <u>accounts</u>. (頻出)
その会社は我々の最も重要な<u>顧客</u>の1つだ。

The <u>accountants</u> are still reviewing that quarterly data.
<u>経理担当者</u>たちはまだその四半期データの見直しをしている。

The <u>board of directors</u> developed a new corporate vision.
<u>取締役会</u>は新しい会社の将来像をつくりあげた。

She gets a lot of help from her office <u>colleagues</u>.
彼女は職場の<u>同僚</u>から多くの支援を受けている。

He's a <u>supervisor</u> leading four junior employees.
彼は4人の後輩社員を率いる<u>管理職</u>だ。

The firm relies on its highly-experienced <u>human resources</u>. (頻出)
その会社は経験豊富な<u>人材</u>に支えられている。

Are there any <u>job vacancies</u> at your firm?
あなたの会社に<u>求人</u>はありますか。

His <u>résumé</u> includes four years in a major trading company.
彼の<u>履歴書</u>には大手商社での4年間の勤務が含まれている。

DAY 9　ビジネス・生活　500点レベル

▼ ココに注目！

489	**personnel** [pə̀ːrsənél] 名 人員；人事 (部)	😯 「人員；職員」「人事部 [課]」の2つの意味で使う。発音ではストレスを後ろに置くので注意。
490	**retire** [ritáiər] 自 退職する；引退する	慣 retire from A (Aから退職する) 派 retirement 名 退職；引退
491	**handout** [hǽndàut] 名 (配付) 資料；プリント	ⓘ 動詞句 hand out (配布する) の名詞形。
492	**chart** [tʃáːrt] 名 図表；グラフ	ⓘ 「図表」「グラフ」の意味でよく使う。 例 a pie chart (円グラフ)
493	**brochure** [brouʃúər] 名 小冊子；案内書	ⓘ 発音はストレスが後ろに置かれることに注意。leaflet や pamphlet が類語。 例 a company brochure (会社案内)
494	**bulletin** [búlətən] 名 社内報；(組織の) 会報	ⓘ 主に「社内報」の意味で出る。 例 a bulletin board (掲示板)
495	**assembly** [əsémbli] 名 (人の) 集まり； (製品の) 組み立て	ⓘ 「(製品などの) 組み立て」の意味でもよく出る。an assembly line (組み立てライン) 派 assemble 他 集める；組み立てる
496	**session** [séʃən] 名 会合；集まり；セッション	ⓘ 「集団で行う話し合いや活動」のこと。 例 a brainstorming session (ブレスト)

▼センテンスで覚えよう！

Special government personnel had to deal with the utilities accident.
その公益施設の事故には特別な政府職員が対処しなければならなかった。

The CEO said she would not retire anytime soon.
CEOはすぐには引退しないと話した。

He gave handouts to people entering the convention. (頻出)
彼は会議に来る人々に資料を手渡した。

He put some charts on the business presentation slides.
彼は、その事業のプレゼンのスライドにいくつかの図表を入れた。

The couple looked over some apartment building brochures.
そのカップルは、マンションの建物の案内書に目を通した。

Have you read this departmental bulletin?
あなたはこの部内報を読みましたか。

She spoke to an assembly of company staff.
彼女は社員の集まりでスピーチをした。

The session will focus on personal money management.
そのセッションは個人の金銭管理に焦点を当てる。

DAY 9　ビジネス・生活　500点レベル

▼ココに注目！

497 chair [tʃéər]
他 司会をする；議長を務める

- chair a meeting（会議の司会をする）
- 派 chairperson 名 司会者
- 類 preside over（～の司会をする）

498 presentation [prèzəntéiʃən]
名 発表；プレゼン

- 動詞 present（発表する）の名詞形。
- make [give] a presentation（プレゼンをする）

499 questionnaire [kwèstʃənéər]
名 アンケート；質問書

- 顧客アンケートの場面で出る。ストレスは後ろに置く。survey が類語。
- fill in [out] a questionnaire（アンケートに記入する）

500 respondent [rispándənt]
名 回答者；応答者

- respond（回答する）+ -ent（する人）= respondent（回答者）。アンケートへの「回答者」としてよく出る。

501 commerce [kámə:rs]
名 商取引；貿易

- e-commerce（電子取引）
  a chamber of commerce（商工会議所）

502 signature [sígnətʃər]
名 署名；特色

- 動詞 sign（署名する）の名詞形。なお、有名人の「サイン」は autograph と言う。
- a signature product（特徴的な製品）

503 invest [invést]
他 投資する

- 派 investment 名 投資
  investor 名 投資家

504 financial [finǽnʃəl]
形 財務の；金銭的な

- a financial institution（金融機関）
- 派 finance 名 財務；金融

▼センテンスで覚えよう！

She will chair our next marketing committee meeting.
彼女は次のマーケティング委員会会議の司会をする。

His presentation included many interesting facts.
彼のプレゼンには多くの興味深い事実が含まれていた。

Please fill out all the pages of this customer questionnaire.
このお客様アンケートのすべてのページにご記入ください。

Who should be the respondent for this client letter?
この顧客からの手紙にはだれが回答者になるべきでしょうか。

The trade agreement may increase international commerce.
その貿易協定により国際的な商取引が増加するだろう。

Please write your signature at the bottom of this contract.
この契約書の下の部分にあなたの署名をしてください。

She wants to invest more money in stocks.
彼女は株にもっと資金を投じたいと思っている。

Do you know the financial situation of that firm?
その会社の財務状況を知っていますか。

DAY 9 ビジネス・生活　500点レベル

▼ココに注目！

505	**paycheck** [péitʃèk] 名 給与	ⓘ 米国では給与が振り込みではなく **check**（小切手）であることから。「給与」には **pay**、**payment**、**salary**、**remuneration** も使われる。
506	**debt** [dét] 名 借金；負債	ⓘ **pay off debts** で「借金を返済する」。なお、「借り手；債務者」は **debtor** で、「貸し手；債権者」は **creditor**。
507	**currency** [kə́:rənsi] 名 通貨；流通	● **foreign currencies**（外貨）
508	**exhibition** [èksibíʃən] 名 展示会	ⓘ 動詞 **exhibit**（展示する）の名詞形。 ✎ **on exhibition**（展示中で）
509	**memorandum** [mèmərǽndəm] 名 回覧；事務連絡票	ⓘ Part 7 に出る文書の1つ。略記は **memo**。
510	**reschedule** [rì:skédʒu:l] 他（日程を）再調整する；延期する	⚠ 予定を調整する場面で頻出。「延期する（**put off**, **postpone**）」の意味で使われる。
511	**headquarters** [hédkwɔ̀:rtərz] 名 本社	ⓘ 略記は **HQ**。「本社」には **head office** や **main office** も使う。
512	**commute** [kəmjú:t] 自 通勤する　名 通勤	ⓘ 動詞は **go to work** と言い換えられる。 派 **commuter** 名 通勤者

▼センテンスで覚えよう！

She hopes to get a bigger paycheck at her new job.
彼女は新しい仕事でより高い給与を得ることを望んでいる。

Here are some tips on managing personal debt.
これが個人の借金管理のためのヒントです。

He trades euros, dollars, yen and other currencies.
彼はユーロ、米ドル、円や他の通貨を取引している。

The museum is now holding an African art exhibition. (頻出)
その美術館は今、アフリカ美術展を開催している。

You'll have to read the employee memorandum sent out today.
今日送られた社員回覧を読んでおかなければいけません。

She rescheduled her Russian business trip.
彼女はロシア出張を延期した。

Their headquarters remains in Canada, although production is in Thailand. (頻出)
製造はタイに拠点があるが、彼らの本社はカナダのままだ。

She commutes 21 kilometers to work every day.
彼女は毎日、21キロを通勤する。

DAY 9　ビジネス・生活　500点レベル

▼ココに注目！

513	**manufacturer** [mæ̀njəfǽktʃərər] 名 製造業者；メーカー	⚠ manufacture (製造する) + -er (する人) = manufacturer (製造業者)。maker とも言う。
514	**construction** [kənstrʌ́kʃən] 名 建設	⚠ 動詞 construct (建設する) の名詞形。under construction (建設中で) はよく出るイディオム。 ▣ a construction site (建設現場)
515	**architecture** [ɑ́ːrkətèktʃər] 名 建築 (様式)	▣ modern architecture (近代建築) 派 architect 名 建築家 　architectural 形 建築上の
516	**laboratory** [lǽbərətɔ̀ːri] 名 研究所；実験室	⚠ 企業の「研究所」の意味で出る。略記は lab。
517	**insurance** [inʃúərəns] 名 保険	⚠ 動詞 insure (保険をかける) の名詞形。 ▣ an insurance policy (保険証書) 派 insurer 名 保険会社
518	**extension** [iksténʃən] 名 (電話の) 内線；延長	⚠ 動詞 extend (延長する) の名詞形。「内線」の意味で使うことに注意。ext. と略す。
519	**renovate** [rénəvèit] 他 改修する；リフォームする	⚠ 日本語の「リフォームする」は、英語では renovate や refurbish を使う。reform は「(制度などを) 改革する」の意味。
520	**cargo** [kɑ́ːrgou] 名 貨物	▣ a cargo plane (貨物機) 類 freight (貨物) 　load (積み荷)

▼センテンスで覚えよう！

That company is a large appliance manufacturer.
その会社は大手の家電メーカーだ。

How is construction of the parking garage going?
駐車場の建設の進み具合はどうですか。

The architecture of this tower is impressive.
この塔の建築様式は印象的なものだ。

This is our most advanced plastics laboratory.
これは、私たちの最先端のプラスチック研究所です。

We sell fire insurance for both homes and businesses.
当社は家庭と企業の両方に火災保険を販売しています。

(頻出)
My office phone is 212-555-8924, extension 3620.
私のオフィスの電話は 212-555-8924 の内線 3620 です。

(頻出)
The theater will renovate its lobby and entrance.
その劇場はロビーとエントランスを改修する。

This ship carries both cargo and passengers.
この船は貨物と乗客の両方を運ぶ。

DAY 9　ビジネス・生活　500点レベル

▼ココに注目！

521	**vehicle** [víːəkl]　名 車両；手段	⚠ 自動車や電車を含めた「車両」を指す。「手段」の例は a vehicle for communication (コミュニケーションの手段)。
522	**automobile** [ɔ́ːtəmoubìːl]　名 自動車	⚠ auto-(自動で) + mobile (動く) = automobile (自動車) ● the automobile industry (自動車産業)
523	**destination** [dèstənéiʃən]　名 目的地	⚠ 旅行やフライトの「目的地」としてよく使う。 ● a vacation destination (休暇旅行の行き先)
524	**immigration** [ìmigréiʃən]　名 入国審査；入国	⚠ 動詞 immigrate(入国する)の名詞形。 ● an immigration officer (入国審査官)
525	**souvenir** [sùːvəníər]　名 お土産	⚠ もともとはフランス語で「思い出」。「記念品；思い出の品」のニュアンスがある。
526	**meal** [míːl]　名 食事	⚠ 1回分の「食事」を指す。Enjoy your meal. (お食事をお楽しみください) はレストランで接客係が食客に言う決まり文句。
527	**landscape** [lǽndskèip]　名 風景　他 造園する	⚠ 「風景」の意味では scenery が類語。動詞で「造園する」という意味があるので注意。landscaping で「造園(業)」。
528	**story** [stɔ́ːri]　名 階	⚠ 建物の外観の「階」を指す。建物の特定の階を指すのは floor である。floor directories (フロアガイド)

154

▼センテンスで覚えよう！

This passenger vehicle can carry up to seven people.
この乗用車は7人まで乗ることができる。

He rented an automobile while on the leisure trip.
彼は休暇旅行の間、自動車を借りた。

His flight destination is Rome.
彼のフライトの目的地はローマだ。

There were long passenger lines in the Immigration area.
入国審査のエリアには乗客の長い列ができていた。

(頻出)
The airport gift shop sells a variety of souvenirs.
空港のギフトショップはさまざまなお土産を売っている。

Skipping one meal daily helps control weight.
一日に一食抜けば、体重をうまくコントロールできる。

From their balcony, they viewed a beautiful landscape.
彼らはバルコニーから、美しい風景を眺めた。

(頻出)
This office building has 73 stories.
このオフィスビルは73階建てです。

DAY 9　ビジネス・生活　500点レベル

▼ココに注目！

529　suburb [sábəːrb]

名 郊外

- 派 **suburban** 形 郊外の
- 類 **outskirts**（町外れ）
  bedroom community（ベッドタウン）

530　directory [dəréktəri]

名 住所録；案内

- **a telephone directory**（電話帳）
  a company directory（社員名簿）

531　utensil [juténsəl]

名（通例、複数）台所用品；食器類

- 主に「台所用品」「食器類」を指す。**kitchen utensils**（台所用品）とも言う。Part 1 で注意。

532　kitchenware [kítʃənweər]

名 台所用品

- **ware** は集合的に「製品」の意味で、**kitchenware** も集合名詞。**cutlery** ／ **silverware**（食卓用金物類）も集合名詞。いずれも Part 1 で注意。

533　dine [dáin]

自 食事をする

- **dine in**（自宅で食事をする）、**dine out**（外食する）。**diner** は「食事をする人」と「簡易食堂」の意味がある。

534　grocery [gróusəri]

名 日用雑貨（店）；食料品

- 「日用雑貨店」は **grocery store** とも言う。英国では **grocer('s)** と呼ぶ。

535　dairy [déəri]

名 乳製品；酪農場

- 「乳製品」は **dairy products** が一般的。

536　garbage [gáːrbidʒ]

名 生ごみ

- **garbage** は主に台所から出る「生ごみ」。**trash** は「（紙くずなどの）ごみ」、**litter** は「（路上などで）ポイ捨てされたごみ」。

▼センテンスで覚えよう！

She moved from a downtown area to a suburb. (頻出)
彼女は都心から郊外に引っ越した。

Where can I find the building directory?
ビルの案内はどこにありますか。

He laid out utensils on the dining room table. (頻出)
彼はダイニングルームのテーブルに食器類を並べた。

This kitchenware is ideal for any kind of cooking space.
この台所用品はどんなキッチンスペースにもぴったりです。

They dined at a small countryside restaurant.
彼らは小さな田舎のレストランで食事をした。

He bought enough groceries for his entire family.
彼は家族全員に十分な食料品を買った。

She loves dairy products such as milk and cheese.
彼女はミルクやチーズのような乳製品が大好きだ。

Please take out that smelly garbage.
その臭いがする生ごみを出してしまってください。

DAY 9　ビジネス・生活　500点レベル

▼ココに注目！

537 medication [mèdəkéiʃən]
名 薬

⚠ medicine と同様に「薬」の意味で使う。いずれも不可算名詞。prescription（処方せん）も覚えておこう。

538 pack [pǽk]
他 詰める；荷造りする

👁 衣類などを鞄などに「詰める」場面で Part 1 に頻出。pack the clothes（服を詰める）
類 stow（詰め込む）

539 pour [pɔ́ːr]
他 注ぐ　自 (雨が) 激しく降る

⚠ カップにコーヒーなどを「注ぐ」の意味で Part 1 に頻出。「(雨が) 激しく降る」の意味では It is pouring.（大雨だ）のように使う。

540 broadcast [brɔ́ːdkæst]
名 (放送) 番組　他 放送する

例 broadcast a documentary（ドキュメンタリーを放送する）
派 broadcaster 名 キャスター；放送局

でるビジネス連語①

ビジネスの世界では決まった言葉の組み合わせがあります。こうした表現は連語のまま覚えておくことが必要です。

〈形容詞＋名詞〉

- □ **raw material** 原材料
- □ **competitive edge** 競争力
- □ **immediate supervisor** 直属の上司
- □ **global reach** 国際展開
- □ **keynote speech** 基調演説
- □ **guided tour** 案内ツアー
- □ **concerted efforts** 協調した努力

▼センテンスで覚えよう！

This medication may make you feel a bit sleepy.
この薬を服用すると少し眠くなるかもしれません。

Please pack all of your belongings under your seats. (頻出)
持ち物はすべてシートの下に詰めるようにしてください。

She poured tea for all of her guests.
彼女はゲスト全員にお茶を注いだ。

The evening TV broadcast focused on international sports.
その夜のテレビ番組は国際スポーツに重点を置いたものだった。

〈名詞＋名詞〉

- [ ] **job offer**　求人；仕事のオファー
- [ ] **job description**　職務説明書
- [ ] **office supplies**　事務用品
- [ ] **track record**　経歴
- [ ] **loyalty card**　（店が発行する）お客様カード
- [ ] **photo identification**　写真付き身分証明書
- [ ] **night shifts**　夜勤
- [ ] **assembly line**　組み立てライン
- [ ] **box office**　チケット売り場
- [ ] **press release**　報道発表
- [ ] **city hall**　市役所

DAY 10　イディオム　500点レベル

▼ココに注目！

541	**by the way** ところで	話題を変えたり、より重要な話題を述べたりするときに使う。
542	**for instance** たとえば	例示するときに使う。**for example** と同意。
543	**based on** 〜に基づいて	前置詞 **on** との結びつきが重要。**be based on** の文や、独立した句として **based on** で使う。Part 5 注意。
544	**according to** 〜によると；〜に応じて	「(情報の出所) によると」「(ルールや条件) に応じて」の2つの意味で使える。Part 5, 6 で注意。
545	**after all** 結局のところ；何と言っても	前文を受けて、理由を示すのに使う。Part 6 注意。
546	**as a result** 結果として	前文を受けて、文頭で使うことが多い。因果関係を示す。Part 6 注意。 國 **consequently**（その結果）
547	**as far as 〜 concerned** 〜に関するかぎり	**as far as** なら「〜するかぎり」「〜まで」の意味で使う。
548	**as for** 〜について；〜に関して	話題の導入のために主に文頭で使う。前置詞 **regarding** も同様に使える。

▼センテンスで覚えよう！

By the way, she wants your opinion on this advertisement.
ところで、彼女はこの広告についてのあなたの意見を求めています。

Treat our guests well. **For instance**, politely greet them.
お客様にしっかり接してください。たとえば、丁寧に挨拶してください。

(頻出)
Based on your credit, we can offer you a loan.
お客様の信用に基づき、私どもはご融資できます。

(頻出)
According to many experts, the economy is improving.
多くの専門家によれば、経済は改善している。

I'll certainly help you. **After all**, we're coworkers.
あなたを間違いなく支援します。何と言っても、私たちは同僚ですから。

Our costs decreased. **As a result**, margins improved.
我々の経費は下がった。結果として利幅は改善した。

(頻出)
As far as quality is **concerned**, that firm is excellent.
品質に関するかぎり、その会社は優秀である。

That work is interesting. **As for** pay, it's low.
その仕事は面白い。給与については、低水準だが。

DAY 10 イディオム　500点レベル

▼ココに注目！

#	イディオム	解説
549	**behind schedule** 予定より遅れて	on schedule で「予定通りに」、ahead of schedule で「予定より早く」。
550	**by accident** 偶然に	by chance と同意。
551	**except for** 〜を除いて	前置詞として except 単独でも同意で使える。except that （〜ということを除いて）で節を導ける。
552	**far from** 〜にほど遠い；決して〜でない	not at all に近い意味で使う。
553	**free of charge** 無料で	free of で「〜を免除されて」の意味で、さまざまな言葉を続けられる。free of nukes（核兵器なしで）
554	**in addition to** 〜に加えて	in addition だと「そのうえ」という意味で、文頭で使うつなぎ言葉。
555	**in brief** 簡潔に；端的に言って	brief は「要約；要旨」の意味。
556	**in favor of** 〜を支持して；〜を好んで	favor は「賛成」の意味。

▼ センテンスで覚えよう！

(頻出)

Is this project still behind schedule?
このプロジェクトはまだ遅れているのですか。

She met a former coworker by accident.
彼女は以前の同僚に偶然に出くわした。

All board members, except for the CFO, attended the meeting. (頻出)
CFOを除いて取締役全員がその会議に出席した。

She's far from being the best analyst at the firm.
彼女は会社の最高のアナリストとはほど遠い。

The software upgrade is provided free of charge.
そのソフトのアップグレードは無料で提供される。

In addition to French, she speaks Spanish and Italian. (頻出)
彼女はフランス語に加えて、スペイン語とイタリア語を話す。

In brief, this product line must become successful.
端的に言って、この製品ラインが成功するのは間違いない。

Are you actually in favor of laying off workers?
あなたは本当に社員のレイオフを支持しているのですか。

163

DAY 10　イディオム　500点レベル

▼ココに注目！

557	**in spite of** 〜にもかかわらず	despite に言い換えられる。こちらは前置詞として単独で使う。どちらも Part 5 で頻出。
558	**now that** (今や) 〜なので	that 節では理由や結果を述べる。
559	**on behalf of** 〜を代表して；〜のために	behalf は「味方；利益」の意味。
560	**on top of** 〜の上に；〜に加えて	「〜の上に」と位置を示すほか、「〜に加えて」とさらに進展した状況も示す。
561	**right away** すぐに	right now と同意。
562	**side by side** 並んで	モノが並んでいる写真の描写に使われる。Part 1 頻出。
563	**thanks to** 〜のおかげで；〜のせいで	肯定的にも否定的にも使える。通例、文頭で使う。
564	**up to** 〜の義務で；〜しだいで； 〜に至るまで	It's up to you. で「あなた次第です」という決まり文句。

▼センテンスで覚えよう！

In spite of some dissatisfaction, he remained at his job. (頻出)
いくらか不満があったにもかかわらず、彼はその職にとどまった。

Now that everyone's here, I'll start the presentation. (頻出)
全員が揃いましたので、プレゼンを始めます。

She thanked the donors **on behalf of** the charity. (頻出)
彼女はその慈善団体を代表して支援者に感謝した。

On top of greater popularity, he won an acting award.
人気が高まっている上に、彼は演技賞を獲得した。

Have this package mailed **right away**.
この小包をすぐに郵送してください。

The production staff worked **side by side**. (頻出)
生産スタッフは並んで仕事をした。

Thanks to your input, the logo design is better. (頻出)
あなたの意見のおかげで、ロゴのデザインはよくなりました。

The final decision is **up to** the director.
最終決定は取締役しだいだ。

DAY 10　イディオム　500点レベル

▼ココに注目！

#	見出し	注目点
565	**in case** 万一～するといけないので；もし～の場合には	in case の後は節が続く。in case that としてもよい。
566	**so that ~ can** ～するために；～できるように	so that と can の呼応に注意。can 以外に will や may を使うこともある。
567	**even if** たとえ～でも	譲歩節をつくる。even though も同意。
568	**along with** ～と一緒に	together with も同意で使える。
569	**on the other hand** 他方では；別の見方をすれば	2つの事柄を対比するのに用いる。on the one hand と呼応させて用いることも。
570	**owing to** ～の理由で；～のために	because of や due to と同意。
571	**be anxious to *do*** ～することを切望する	anxious を「切望する」の意味で使うことに注意。
572	**be engaged in** ～に従事している	動詞 engage (従事させる) を受け身で使う。

▼センテンスで覚えよう！

(頻出)
I'll text you in case I think I'll be late.
もし遅れると思った場合には、メールを送ります。

(頻出)
Shifts are posted, so that employees can read them.
社員が読むことができるように、交替勤務スケジュールは掲示されます。

She'll accept the promotion, even if it means more work.
たとえさらに仕事が増えるにしても、彼女は昇格を受けるつもりだ。

Along with fries, this burger comes with a beverage.
このハンバーガーには、フライドポテトと一緒に飲み物が付いてくる。

He's unfriendly, but, on the other hand, he's intelligent.
彼はとっつきにくいが、他方では知性的である。

(頻出)
Owing to new rules, staff will be evaluated quarterly.
新しいルールのために、スタッフは四半期単位で評価を受ける。

They're anxious to install the company server.
彼らは会社のサーバーを設置したいと思っている。

The firm is engaged in power supply.
その会社は電力供給に従事している。

DAY 10　イディオム　500点レベル

▼ココに注目！

573	**be supposed to** *do* 〜することになっている	決まった予定や規則を表すのに用いる。
574	**call in sick** 病欠の電話をする	「欠勤する」は be absent from work。
575	**catch up with** 〜に追いつく	会話で「会って話す」という意味でも使う。I'll catch up with you later. (後で話そう)
576	**deal with** 〜に対処する；〜を取り扱う	deal in で「(商品などを) 扱う」の意味。
577	**dispose of** 〜を処分する；〜を廃棄する	dispose of stock (在庫を処分する)
578	**do a favor** 手を貸す；役立つ	ask a favor of A なら「Aに頼み事をする」。
579	**feel like ~ing** 〜したい	feel like の後ろは名詞を続けることもできる。feel like a drink (一杯やりたい)
580	**get back to** 〜に折り返しの連絡をする	I'm getting back to you. (お電話をいただきまして) は、折り返しの電話をかけるときに言う決まり文句。

▼センテンスで覚えよう！

(頻出)

The receptionist is supposed to sign for packages.
受付係が荷物にサインすることになっています。

Three employees called in sick with colds today.
今日は3人の社員が風邪で病欠の電話を入れた。

The firm is trying to catch up with competitors.
その会社は競合会社に追いつこうとしている。

She's not an easy negotiator to deal with.
彼女は相手にするのに生やさしい交渉者ではない。

We'll dispose of all this trash this afternoon.
私たちはこのごみを今日の午後に廃棄します。

(頻出)

Please do a favor for all of us by helping out.
私たちみんなのためにご支援をお願いします。

It's so late that I feel like sleeping.
もう遅いので、寝たいです。

(頻出)

She got back to him on his office phone.
彼女は彼の会社の電話に折り返しの連絡をした。

DAY 10　イディオム　500点レベル

▼ココに注目！

581 get rid of
〜を取り除く；〜を廃棄する

例 **get rid of stress** (ストレスを取り除く)

582 get together
集まる；待ち合わせる

⚠ ハイフンを付けて **get-together** で「集まり；親睦会」の意味の名詞。

583 go over
〜を調べる；〜を検討する；〜を超える

⚠ ビジネスでは「調べる；検討する」の意味でよく使う。

584 hand in
〜を提出する；〜を手渡す

⚠ **hand out** (〜を配る) とセットで覚えておこう。
類 **turn in** (〜を提出する)

585 hang up
(電話を) 切る；〜を中断する

⚠ **hold on** で「(電話を) つないだまま待つ」。

586 happen to *do*
たまたま〜する

⚠ 疑問文で使えば、控えめに聞くことができる。**Would you happen to have the time?** (お時間がわかりますでしょうか)

587 help oneself to
自由に〜を取って食べる・飲む [使う]

⚠ **Please help yourself to A.** (Aをご自由にお召し上がりください) は、パーティーなどでの決まり文句。

588 major in
〜を専攻する

⚠ **major** は名詞で「(大学での学科の) 専攻」の意味。**minor** は「副専攻」。

▼センテンスで覚えよう！

He got rid of a lot of old files.
彼は多くの古いファイルを削除した。

The department heads got together at noon.
部門長は正午に集まった。

(頻出)

She went over the business statistics in detail.
彼女は事業の数字を詳細に検討した。

(頻出)

She handed in her report when it was due.
彼女は締め切りになると、報告書を提出した。

She hung up the phone to return to her assignment.
彼女は電話を切って、自分の仕事に戻った。

He happened to receive six free opera tickets.
彼はたまたま無料のオペラのチケットを6枚手に入れた。

(頻出)

Please help yourselves to complimentary coffee.
無料のコーヒーをご自由にお楽しみください。

(頻出)

She majored in chemical engineering at university.
彼女は大学で化学工学を専攻した。

DAY 10 イディオム 500点レベル

▼ココに注目！

#	見出し	注目ポイント
589	**manage to *do*** 何とか〜する	😺 I can manage. で「自分で何とかできます」という決まり文句。
590	**pay attention to** 〜に注意する；〜に気を配る	⚠️ 動詞 pay との組み合わせに注意。
591	**pay off** 報われる；完済する	⚠️「(努力や投資などが)報われる」と「(借金などを)完済する」の2つの意味で使う。
592	**put up with** 〜に我慢する；〜に耐える	⚠️ tolerate、endure、bear などが類語。
593	**range from A to B** AからBに及ぶ	⚠️ range は動詞では「(ある範囲に)及ぶ」の意味で、from A to B でその範囲を示す。
594	**show up** 現れる	⚠️ 人が約束の場所などに「現れる」ときに使う。
595	**shut down** 〜を中断する；〜を停止する	■ shut down a plant (工場の操業を停止する) 類 cease (やめる) suspend (停止する)
596	**sign up for** 〜に登録する；〜に申し込む	■ sign up for a course (授業に登録する) 類 register for (〜に登録する)

▼センテンスで覚えよう！

(頻出)

Have you managed to collect all the sales data?
すべての売り上げデータを何とか集められましたか。

The firm paid attention to important market trends.
会社は市場の重要な動向に注意を払った。

The company hopes the big investment will pay off.
会社はその大規模な投資が報われると期待している。

They had to put up with noise during the renovation.
彼らは改修工事の間、騒音に我慢しなければならなかった。

(頻出)

The discount store products range from clothing to appliances.
そのディスカウント店の製品は衣料品から家電まで多彩だ。

She showed up at the ceremony about 30 minutes early.
彼女はおよそ30分前にセレモニーに現れた。

The technicians shut down the faulty equipment.
技術者たちは欠陥のある装置を停止した。

(頻出)

Where can I sign up for the seaside tour?
その海岸のツアーにはどこで申し込めますか。

DAY 10　イディオム　　500点レベル

▼ココに注目！

597	**start with** ～から始める；～に端を発する	⦿ **begin with** も同意。
598	**step down** 辞任する；引退する	⦿ 社長(president)、会長(chairperson)など上位の役職者の辞任に使う。 🔸**resign**（辞任する）
599	**take it easy** くつろぐ；リラックスする	⦿ **Take it easy.**（気分を楽に；無理しないで）は、相手を励ますときの決まり文句。
600	**take part in** ～に参加する	⦿ **part** は「役割」の意味で、字義通りには「～の役割を引き受ける」。 🔸**participate in**（～に参加する）

でるビジネス連語②

〈名詞 and 名詞〉

- [ ] **products and services** 製品とサービス
- [ ] **research and development** 研究・開発
- [ ] **terms and conditions** 条件
  *2語とも「条件」の意味
- [ ] **rules and regulations** 規則
  *2語とも「規則」の意味
- [ ] **mergers and acquisitions** 合併・吸収
- [ ] **time and a half** 5割増賃金
  *休日出勤などに対して

▼センテンスで覚えよう！

She always <u>starts with</u> her hardest assignments.
彼女はいつも一番難しい仕事から始める。

The prime minister <u>stepped down</u> after losing the election.
選挙に敗れて、内閣総理大臣は辞任した。

In his free time, he usually just <u>takes it easy</u>.
自由な時間は、彼はふつう、ただリラックスして過ごす。

She <u>took part in</u> the recent department audit.
彼女は最近の部門監査に参加した。

〈ハイフン形容詞〉
- □ **hands-on** 実地での
- □ **on-site** 現場での
- □ **in-house** 社内の；組織内の
- □ **in-depth** 徹底的な
- □ **long-term** 長期間の
- □ **high-end** 最高級の
- □ **award-winning** 受賞経験のある
- □ **high-profile** 注目の的の
- □ **top-of-the-line** 最高級の
- □ **top-notch** 一流の
- □ **state-of-the-art** 最新鋭の
- □ **eco-friendly** 環境に優しい

QUICK CHECK 12 接頭辞で覚える

特徴的な意味をもつ接頭辞を使えば、単語をまとめて覚えることができます。また、知らない単語を類推するのにも役立ちます。

〈ann-（年）〉
- [ ] **annual** 年次の
- [ ] **anniversary** 記念日

〈auto-（自身の）〉
- [ ] **automobile** 自動車
- [ ] **autobiography** 自伝

〈bi-（2；双）〉
- [ ] **biweekly** 隔週の；隔週で
- [ ] **bilateral** 相互の；2国間の

〈co-（一緒の；共同の）〉
- [ ] **cooperate** 協力する
- [ ] **collaborate** 協業する

〈inter-（～の間；相互の）〉
- [ ] **interactive** 双方向の
- [ ] **intervene** 仲裁する；干渉する

〈over-（過度の；越えて）〉
- [ ] **overcome** 克服する
- [ ] **overwhelming** 圧倒的な

〈pre-（前の）〉
- [ ] **predict** 予測する
- [ ] **preliminary** 事前の

〈post-（後の）〉
- [ ] **postpone** 延期する
- [ ] **postscript** （手紙・メールの）追記

〈sub-（下；副）〉
- [ ] **subsidiary** 子会社
- [ ] **subordinate** 部下

〈trans-（越えて；横切って）〉
- [ ] **transfer** 転勤；乗り換え
- [ ] **translate** 翻訳する

STEP 3
600点レベル
超頻出の標準400語

DAY 11	動詞① (40語)	178
DAY 12	動詞② (40語)	188
DAY 13	形容詞・副詞① (40語)	198
DAY 14	形容詞・副詞② (40語)	208
DAY 15	名詞① (40語)	218
DAY 16	名詞② (40語)	228
DAY 17	ビジネス・生活① (40語)	238
DAY 18	ビジネス・生活② (40語)	248
DAY 19	イディオム① (40語)	258
DAY 20	イディオム② (40語)	268

音声トラック

81 ▶▶ 130

DAY 11　動詞① 　　　　600点レベル

▼ココに注目！

---

601 launch [lɔ́ːntʃ]

他 発売する；始める；（ロケットなどを）発射する

🧠「(商品を)発売する」「(プロジェクトなどを)始める」の意味でよく出る。名詞も同形。

---

602 achieve [ətʃíːv]

他 達成する；獲得する

⚠️ attain、accomplish、perform が類語。
🔴 **achievement** 名 達成；業績

---

603 inquire [inkwáiər]

自 問い合わせる；調査する
他 たずねる

⚠️ **inquire about A** (Aについて問い合わせる) と **inquire into A** (Aについて調査する) の2つを覚えておこう。
🔴 **inquiry** 名 問い合わせ；調査

---

604 examine [igzǽmin]

他 調べる；検討する

💬 **examine a proposal** (提案を検討する)
🔴 **examination** 名 調査；試験
　examinee 名 受験者

---

605 donate [dóuneit | −́ −́]

自 他 寄付する

⚠️ 寄付する相手は to で導く。名詞の **donation** (寄付) も頻出語である。
🔴 **donor** 名 寄贈者；(臓器)提供者

---

606 contribute [kəntríbjət]

自 他 貢献する；寄付する

⚠️ **contribute to A** (Aに貢献[寄付]する) のように、貢献・寄付する相手は to で導く。
🔴 **contribution** 名 貢献；寄付

---

607 assign [əsáin]

他 割り当てる；(人を職務に)任命する

💬 **assign a duty** (仕事を割り当てる)
🔴 **assignment** 名 業務；宿題

---

608 designate [dézignèit]

他 指名する；指定する

⚠️ **designate A as B** で「AをBに指定[指名]する」。前置詞 as に注意。
💬 **a designated seat** (指定席)

▼センテンスで覚えよう！

(頻出)

Let's launch our seasonal sale next quarter.
来四半期には当店の季節もののセールを始めよう。

She could achieve a personal sales record this quarter.
彼女は今四半期、個人の営業記録を達成できるかもしれない。

Where should I inquire about getting an express train ticket?
急行列車の切符の購入については、どこに問い合わせればいいですか。

Customs examined the international shipment carefully.
税関はその国際荷物を慎重に調べた。

Aren't you going to donate to the medical charity?
その医療慈善事業に寄付をしないのですか。

How much do luxury cars contribute in profit to that firm?
高級車はその会社の利益にどれくらい寄与しているだろうか。

(頻出)

The firm will assign him to a new job next month.
会社は来月、彼を新しい職務に任命することになる。

Have you designated someone to take over while you're gone?
出張中に仕事を引き継ぐ人を指名しましたか。

DAY 11　動詞①　600点レベル

▼ココに注目！

609 recommend [rèkəménd]
他 勧める；推薦する

⚠ recommend が導く that 節は仮定法現在になり、動詞は原形にする。例文は that が省略されている。
派 **recommendation** 名 推奨；推薦

610 submit [səbmít]
他 提出する

● submit a video（動画を投稿する）
派 **submission** 名 提出

611 afford [əfɔ́:rd]
他 余裕がある

⚠「（金銭的・時間的に）余裕がある」という意味で使う。**afford to do**（do する余裕がある）の形が頻出。

612 celebrate [séləbrèit]
他 祝う；（式典などを）挙行する

● celebrate a festival（フェスティバルを行う）
派 **celebration** 名 祝典；挙行
celebrity 名 有名人

613 demonstrate [démənstrèit]
他 実演して説明する
自 示威運動をする

⚠ 商品を「実演して説明する」という意味でよく出る。
派 **demonstration** 名 実演；示威運動

614 approve [əprú:v]
自 承認［賛成］する

⚠ **approve of A**（A を承認する）の前置詞 of に注意。
派 **approval** 名 承認；賛成
反 **disapprove** 自 認めない

615 encourage [inkə́:ridʒ]
他 励ます；勧める

💬 **encourage A to do**（A に do するように勧める）を受け身にして、**be encouraged to do**（do することが推奨される）の形でよく使う。

616 guarantee [gæ̀rəntí:]
他 保証する；確実にする
名 保証

⚠ ストレスは後ろにあるので注意。
類 **warrant**（保証する）

▼センテンスで覚えよう！

They recommended the company cut production costs. 頻出
彼らは会社が生産コストを削減することを勧めた。

You can submit your report to me when you're done. 頻出
仕上がった段階で、私にレポートを提出してください。

He can afford to relax during his vacation in Jamaica.
ジャマイカでの休暇中に彼はリラックスする余裕がもてそうだ。

The store will celebrate its 45th anniversary with a special sale. 頻出
その店は特別セールを行って45周年を祝う。

I'll demonstrate this rice cooker to all of you shoppers today. 頻出
今日は買い物客のみなさんにこの炊飯器の実演をいたします。

The directors approved of the new investment plan.
取締役は新しい投資計画を承認した。

The firm encourages customers to leave feedback on its Web site.
その会社は、顧客にウェブ上に感想を残すように勧めている。

The hotel guarantees that all of its rooms are clean and quiet. 頻出
ホテルは、すべての部屋が清潔かつ静かであることを保証します。

181

DAY 11　動詞①　600点レベル

▼ココに注目！

617 insist [insíst]
他 自 強く主張する；〜だと断言する

- 構 **insist that 〜**（〜と主張する）
  insist on A（Aを主張する）
- 派 **insistence** 名 主張

618 claim [kléim]
他 主張する；要求する
名 要請；要求

- ⚠「クレームをつける（complain）」の意味はないので注意。
- 構 **claim that 〜**（〜と主張する）

619 obtain [əbtéin]
他 手に入れる；獲得する

- **obtain permission**（許可を得る）
  obtain a position（職に就く）

620 acquire [əkwáiər]
他 獲得する；身につける

- **acquire a skill**（技能を獲得する）
  acquire a company（会社を買収する）
- 派 **acquisition** 名 獲得；買収

621 promote [prəmóut]
他 昇格させる；販売促進する

- ⚠ **be promoted to A** と受け身で「Aに昇格する」の意味になる。
- **promote a new product**（新製品を販売促進する）

622 lean [líːn]
自 寄りかかる；身を乗り出す

- Part 1で、人が手すりなどに寄りかかっている写真がよく出る。**lean over a railing** だと「手すりから身を乗り出す」となる。

623 raise [réiz]
他 引き上げる；提起する
名 昇給

- ⚠ 名詞で「昇給」の意味で使うのに注意。
- **raise a national flag**（国旗を掲揚する）
  raise taxes（税率を引き上げる）

624 load [lóud]
他 積みこむ　名 積み荷

- Part 1でトラックなどに荷物を積みこむ写真問題が出る。**load up** とすることも。
- 反 **unload**（荷物を下ろす）

▼センテンスで覚えよう！

He **insisted** on paying for the dinner, although it was expensive.
食事は高いものだったが、彼はその支払いをすると言い張った。

The company **claimed** that another firm had stolen its patent.
その企業は、別の企業が特許を盗用していたと主張した。

(頻出)
She **obtained** approval to go ahead with the project.
彼女はそのプロジェクトを進める承認を得た。

The company will **acquire** land in Mexico for its new factory.
その会社は、メキシコで新しい工場の用地を取得するだろう。

He was **promoted** to a supervisory position a few days ago.
彼は数日前に管理職に昇格した。

(頻出)
Please do not **lean** on the rooftop rails.
屋上の手すりに寄りかからないでください。

Thanks for **raising** that important issue this afternoon.
今日の午後にその重要な問題を提起してくれてありがとう。

(頻出)
His team **loaded** up the entire truck within an hour.
彼のチームは1時間もかけずにトラック一杯に荷物を積みこんだ。

DAY 11　動詞① 　　600点レベル

▼ココに注目！

625 permit [pərmít]
他 許可する；許す
名 [´--] 許可証

- **permit A to do** (Aが do するのを許可する) の形を覚えておこう。
- **if the weather permits** (もし天気が許せば)

626 install [instɔ́ːl]
他 設置する；（ソフトを）インストールする

- 派 **installation** 名 設置；インストール
  installment 名 （分割払いの）1回分

627 subscribe [səbskráib]
自 （定期）購読する；加入する

- 自動詞で **subscribe to A** (Aを定期購読する) のように前置詞は to を使う。
- 派 **subscription** 名 定期購読；加入

628 post [póust]
他 発表する；投函する；（ウェブに）投稿する

- **post a profit** (利益を計上する)
  post a notice (告知を張り出す)
  post a letter (手紙を投函する)

629 insert [insə́ːrt]
他 挿入する；投入する

- 構 **insert A into B** (AをBに挿入する)
- 派 **insertion** 名 挿入；折り込み広告

630 adjust [ədʒʌ́st]
他 調整する；整える
自 適応する

- d の音は弱かったり、消えたりするので、リスニングで注意。
- 構 **adjust A to B** (AをB用に調整する)

631 appreciate [əpríːʃièit]
他 評価する；感謝する
自 （価値が）上がる

- 自動詞では、為替相場などが「上がる」という意味でよく使う。
- 派 **appreciation** 名 感謝；上昇

632 recognize [rékəgnàiz]
他 認識する；評価する

- 構 **recognize A as B** (AをBと認める)
- 派 **recognition** 名 認識；評価

▼センテンスで覚えよう！

He <u>permits</u> his staff to dress casually on Fridays.
彼は部下たちに金曜日はカジュアルな装いをすることを許している。

We have to <u>install</u> this photocopier on the third floor.
私たちは3階にこのコピー機を設置しなければならない。

(頻出)

My boss <u>subscribes</u> to several business magazines.
私の上司はビジネス誌を数誌講読している。

She <u>posted</u> the story about her Russia trip on her blog.
彼女はロシア旅行の話をブログにアップした。

Please <u>insert</u> coins into the slot of this vending machine.
硬貨をこの自動販売機のスロットに投入してください。

Users <u>adjust</u> the audio player's volume through a button.
ユーザーはボタンでオーディオプレイヤーの音量を調整する。

She said she <u>appreciated</u> the good service at the airport.
彼女は、空港の上質のサービスを評価すると言った。

(頻出)

He was <u>recognized</u> with the CEO of the Year Award.
彼は年間CEO賞によって評価された。

DAY 11　動詞①　600点レベル

▼ココに注目！

633	**collaborate** [kəlǽbərèit] 自 共同作業を行う；協調して取り組む	横 collaborate with A on B（BでAと共同作業を行う） 派 collaboration 名 共同作業 　collaborative 形 共同の；合作の
634	**observe** [əbzə́ːrv] 他 気づく；守る；観察する；祝う	⚠ 多義語で、「気づく（notice）」「守る（follow）」の意味に注意。 派 observance 名 遵守；観察；行事 　observatory 名 展望台
635	**consult** [kənsʌ́lt] 自 相談する 他 診てもらう；調べる	⚠ consult with A（Aに相談する）のように相談する相手は with で導く。 派 consultation 名 相談；協議 　consultant 名 コンサルタント
636	**protect** [prətékt] 他 保護する；〜させないようにする	⚠ protect A from doing（Aに do させないようにする）の形もよく使う。 派 protection 名 保護
637	**purchase** [pə́ːrtʃəs] 他 購入する　名 購入	⚠ buy のフォーマルな言い方。ビジネスで好まれる。 例 purchase office supplies（事務用品を購入する）
638	**expand** [ikspǽnd] 自他 拡大する；進出する	⚠ 「（業容を）拡大する」という意味でよく使う。expand a service（サービスを拡大する） 派 expansion 名 拡大；拡張
639	**realize** [ríːəlàiz] 他 理解する；実現する	⚠ 「理解する」と「実現する」の2つの意味を覚えよう。 例 realize a mistake（ミスに気づく） 　realize a dream（夢を実現する）
640	**enclose** [inklóuz] 他 同封する	横 enclose A with [in] B（AをBに同封する） 派 enclosure 名 同封（物）

▼センテンスで覚えよう！

Two teams are collaborating on a new software project. (頻出)
新しいソフト・プロジェクトには2つのチームが共同で当たっている。

All restaurant guests must observe our no-smoking policy.
レストランの顧客は全員、当店の禁煙方針を守らなければならない。

The firm consulted its quality control engineers on the new project.
その会社は、新しいプロジェクトについて品質管理技術者に相談した。

The data security department protects the information of the firm.
データセキュリティ部が会社の情報を保護している。

Lisa purchased the clothing at a discount outlet.
リサはディスカウント店で衣料品を購入した。

We should expand into the Eastern European market as soon as possible. (頻出)
私たちはできるだけ早く東ヨーロッパ市場に進出するべきだ。

The corporation realized it was losing too much money.
その会社は、損失を出しすぎていることを理解した。

We have enclosed a contract draft for you to review. (頻出)
私たちはあなたに確認していただくために契約書の草案を同封しました。

DAY 12　動詞②　600点レベル

▼ココに注目！

641 conduct [kəndʌ́kt]
他 実施する；案内する；指揮する

- conduct tourists (旅行者を案内する)
  conduct an orchestra (オーケストラを指揮する)
- conductor 名 指揮者；添乗員

642 undergo [ʌ̀ndərgóu]
他 経験する；受ける

- go through や experience が類語。
- undergo hardship (試練を経験する)

643 inspect [inspékt]
他 詳しく調べる；視察する

- inspect baggage (荷物を検査する)
- inspection 名 調査；視察
  inspector 名 調査官

644 predict [pridíkt]
他 予測する；予報する

- forecast や foresee が類語。
- predictable 形 予測できる

645 expire [ikspáiər]
自 期限が切れる；失効する

- クレジットカードや契約の「期限が切れる」の意味で頻出。名詞は an expiration date (失効日＝有効期限) で覚えておこう。

646 reflect [riflékt]
他 反映する；熟考する

- 「反映する」の意味、および名詞の reflection (反映) は Part 1 で注意。The clouds are reflected in the water. (雲が水に映っている)

647 cater [kéitər]
自 (料理を) 調達する；(要求などに) 応じる

- セミナーや会議に食事を調達する場面で出る。cater for A (A に料理を調達する) の形で覚えよう。
  cater to A なら「A に応じる」。

648 replace [ripléis]
他 (商品を) 取り替える；(職務を) 引き継ぐ

- replace A with B (A を B に取り替える) の形が重要。
- replacement 名 交換 (品)；交代；後任者

▼センテンスで覚えよう！

The company conducts regular safety inspections of all its facilities.
会社はすべての施設の定期的な安全点検を実施する。

They may undergo extensive leadership training at the seminar.
彼らはそのセミナーで、広範囲の指導者研修を受けることができる。

They will inspect the factory to confirm that it is operating safely.
安全に運営されていることを確認するために、彼らは工場を視察する。

We predict interest rates will rise next quarter.
次の四半期に金利は上昇すると、私たちは予測している。

(頻出)

Use this coupon before it expires on October 31.
10月31日に失効する前に、このクーポンを使ってください。

He reflected deeply on whether to accept the job.
彼はその仕事を受けるべきかどうか真剣に考えた。

Matilda Jones hired a company to cater for the shareholder meeting.
マチルダ・ジョーンズは、株主総会に料理を調達する業者と契約した。

(頻出)

It'll be hard to replace Jennifer after she leaves.
ジェニファーの退社後に彼女の後任を見つけるのは難しいだろう。

DAY 12 動詞② 600点レベル

▼ココに注目！

649 withdraw [wiðdrɔ́ː]
他 引き出す；撤回する
自 撤退する

- withdraw savings (預金を引き出す)
  withdraw from the competition (コンペから撤退する)
- 派 withdrawal 名 引き出し；撤回；撤退

650 transfer [trænsfər]
自他 転勤する・させる；送金する；乗り換える

- 他動詞で使う be transferred to A (Aに転勤 [異動] になる) という形も重要。名詞も同形。

651 conclude [kənklúːd]
他 結論を出す；終える

- conclude that ~ (~という結論を出す)
- 派 conclusion 名 結論

652 determine [ditə́ːrmin]
他 決定する

- be determined to do (doすることを決めている) という受け身でもよく使う。
- 派 determination 名 決定；決意

653 restrict [ristríkt]
他 制約する；制限する

- 派 restriction 名 制約；制限

654 emphasize [émfəsàiz]
他 強調する；重視する

- stress、underline、highlight などが類語。
- 派 emphasis 名 強調；重視

655 evaluate [ivǽljuèit]
他 評価する；査定する

- 人事で実績を「評価する」という意味でよく使う。
- 派 evaluation 名 評価；査定

656 regard [rigɑ́ːrd]
他 評価する；~とみなす

- regard A as B (AをBとみなす)
- 派 regarding 前 ~については

▼センテンスで覚えよう！

The company withdrew the product from the market.
その会社は市場から製品を引き上げた。

Are you really going to transfer to the Sydney branch?
あなたは本当にシドニー支社に転勤になるのですか。

The firm recently concluded a contract with a consultancy.
その会社は最近、コンサルタント会社と契約を締結した。

The board could determine a business plan this week.
取締役会は今週、事業計画を決定することができそうだ。

Should we restrict the next meeting to senior managers only?
次の会議は上級管理職のみに制限すべきでしょうか。

The company strongly emphasizes quality control.
その会社は品質管理をきわめて重視する。

(頻出)

She'll evaluate us based on our performance.
彼女は実績に基づいて我々を評価するでしょう。

We have to regard any customer complaint as serious.
私たちは顧客のどんなクレームも深刻なものとみなさなければならない。

DAY 12　動詞② 600点レベル

▼ココに注目！

---

657 investigate [invéstigèit]

他 調査する；捜査する

- investigate details（詳細を調べる）
  investigate a crime（犯罪を捜査する）

---

658 outline [áutlàin]

他 要点を述べる；概説する
名 要点；輪郭

「アウトライン」は日本語になっているが、**outline** は動詞としてよく使う。**summarize** が類語。

---

659 indicate [índikèit]

他 指摘する；示す

人が「指摘する」、物・事が「示す」の意味で使う。
派 **indicator** 名 指標；尺度

---

660 register [rédʒistər]

自他 登録する；書留にする

a registered trademark で「登録商標」。**register a letter** なら「手紙を書留にする」。
慣 **register for A**（Aに登録する）

---

661 avoid [əvɔ́id]

他 避ける；差し控える

動名詞を続けられるが、不定詞は続けられない。
派 **avoidable** 形 避けられる

---

662 hesitate [hézətèit]

自 ためらう；ちゅうちょする

Don't hesitate to do（ご遠慮なくdoしてください）はビジネスでよく使う決まり文句。
派 **hesitation** 名 ちゅうちょ

---

663 neglect [niglékt]

他 怠る；無視する

仕事などを「怠る」、注意すべきことを「無視する」という意味で使う。
派 **negligent** 形 怠った；不注意な
negligence 名 怠慢；不注意

---

664 confuse [kənfjúːz]

他 困惑させる；混同する

現在分詞 **confusing** は「(物・事が)困惑させる」、過去分詞 **confused** は「(人が)困惑する」。
派 **confusion** 名 困惑；混同

▼センテンスで覚えよう！

The police are investigating a firm they suspect of fraud.
警察は、汚職の疑いのある会社を捜査している。

She can outline her concept of upgrading our machinery.
彼女は当社の機械を刷新する構想の概要を説明できる。

The survey indicates that about 10% of our customers are unsatisfied.
調査が示すところでは、私たちの顧客の約10％が不満をもっている。

He registered for an evening accounting course.
彼は夜間の会計コースに登録した。

Employees must avoid parking in space reserved for customers.
社員は来客用に確保された場所に駐車することを避けなければならない。

He hesitated to ask questions during the committee meeting.
彼は委員会の会議で質問をすることをためらった。

(頻出)
Don't neglect to update our Web page regularly.
私たちのウェブページを定期的に更新するのを怠らないでください。

Signs on those store shelves prevent shoppers from confusing different brands.
それら店の棚の表示は、買い物客が異なるブランドを混同するのを防止する。

DAY 12 動詞② 600点レベル

▼ココに注目！

665	**prohibit** [prouhíbit] 他 禁止する；妨げる	prohibit A from doing (Aがdoするのを禁じる) の形が重要。類語の forbid、ban も同じ形がとれる。 派 prohibition 名 禁止
666	**suspend** [səspénd] 他 中止する；停止する	suspend discussion (議論を中断する) 派 suspension 名 中止；停止 suspense 名 不安；未決定
667	**refrain** [rifréin] 自 控える；慎む	refrain from ～ (～を控える) の形を覚えよう。Part 5 で from が問われることも。
668	**interrupt** [ìntərʌ́pt] 他 (相手の話を) さえぎる；じゃまをする	I'm sorry for interrupting you, but ～ (お話中すみませんが～) は会話をさえぎって用件を伝える決まり文句。 派 interruption 名 じゃま；遮断
669	**revise** [riváiz] 他 改訂する；改変する	the revised version で「改訂版」。 派 revision 名 改訂 類 amend (修正する；変更する)
670	**modify** [mádəfài] 他 変更する；修正する	変更が部分的であるというニュアンス。 modify the contract (契約を変更する) 派 modification 名 変更；修正
671	**address** [ədrés] 他 (問題などに) 取り組む；話しかける	動詞として「取り組む」の意味で頻出。 address an audience (聴衆に話す)
672	**ensure** [inʃúər] 他 確実にする；保証する	ensure that ～ (～することを保証する) でよく使う。 類 make sure (～を確実にする；確かめる)

▼センテンスで覚えよう！

Labor laws prohibit forcing staff to work overtime without additional pay.
割増賃金を払わずに社員に残業を強要することを労働法は禁じている。

The business suspended production on its older assembly lines.
その会社は古い組み立てラインでの生産を中止した。

Please refrain from mobile phone use during the movie. (頻出)
上映中は携帯電話の使用をお控えください。

Some audience members interrupted his presentation with questions.
聴衆の何人かが質問をして彼の発表をさえぎった。

He had to revise his original project ideas several times.
彼は本来のプロジェクト構想を数回にわたって改変しなければならなかった。

The corporation will modify its product line.
その会社は製品ラインを変更するつもりだ。

Her committee helps her firm address cost control issues. (頻出)
彼女の委員会は、会社が経費管理問題に取り組むのを助ける。

I want to ensure everyone on this tour has a good time.
このツアーに参加の皆さん全員が確実に楽しんでいただけるようにしたいと思います。

DAY 12　動詞②　600点レベル

▼ココに注目！

673 implement [ímplimènt]
他 実施する；履行する

- ⓘ ビジネスで好まれるフォーマルな動詞。execute や carry out が類語。
- 派 implementation 名 実施；履行

674 authorize [ɔ́:θəràiz]
他 認める；権限を与える

- ⓘ 政府や会社が「正式に認める」という意味。
- 派 authority 名 権限；関係当局

675 establish [istǽbliʃ]
他 設立する；確立する；制定する

- ⓘ 会社を「設立する」という文脈でよく使う。この意味では found が類語。
- establish a relationship（関係を確立する）

676 accommodate [əkάmədèit]
他 (ホテルなどが人を) 収容する；便宜を図る

ホテルや部屋が人を「収容する」の意味で頻出。名詞の accommodations は「宿泊施設」の意味で、こちらも重要語。

677 analyze [ǽnəlàiz]
他 分析する

- analyze data（データを分析する）
- 派 analysis 名 分析
  analyst 名 アナリスト；分析家

678 relocate [rì:lóukeit]
他 自 移転する 転勤させる・する

- 派 relocation 名 移転；転勤

679 remove [rimú:v]
他 取り除く；撤去する

- remove A from B（AをBから取り除く [撤去する]）
- 派 removal 名 除去；撤去

680 recover [rikʌ́vər]
他 取り戻す；回復させる
自 回復する

- recover from recession（景気後退から回復する）
- 派 recovery 名 回収；回復

▼センテンスで覚えよう！

This operations strategy will be implemented in stages.
この運営戦略は段階的に実施される予定だ。

The company commonly authorizes reimbursements for employee business expenses.
会社はふつうは、社員の業務経費の払い戻しを認める。

(頻出)
He established that firm almost 20 years ago.
彼は20年ほども前にその会社を設立した。

(頻出)
The hotel can accommodate up to 1,200 guests.
そのホテルは宿泊客を1200人まで収容できる。

Company fund managers must analyze financial markets daily.
会社のファンドマネジャーは毎日、金融市場を分析しなければならない。

(頻出)
The corporation will relocate its headquarters to Hong Kong.
その会社は本社を香港に移転する予定だ。

His great work certainly removed any doubts about his ability.
彼の傑作は、彼の能力への疑問を確実に取り除いた。

We'll have to recover as much market share as we can.
我々はできるかぎりの市場シェアを取り戻さなければならない。

DAY 13　形容詞・副詞①　600点レベル

▼ココに注目！

681	**due** [djúː] 形 支払期限［納期］が来て； 〜する予定で	■ the due date（納期；支払日） the amount due（支払うべき額→未払い額） 穂 be due to do（doする予定である）
682	**valid** [vælid] 形 有効な；妥当な	✐ a valid passport で「有効なパスポート」。反意語の invalid（無効な）とセットで覚えよう。
683	**economical** [ìːkənάmikəl] 形 節約する；割安の	✐ economy（経済）の形容詞形は、economic（経済の）と economical（節約する）の2つがある。 ■ an economical car（燃費のいい車）
684	**fiscal** [fískəl] 形 財務の；会計の	■ a fiscal year（会計年度；事業年度） a fiscal policy（財政政策）
685	**accurate** [ǽkjurət] 形 正確な；精密な	■ accurate information（正確な情報） an accurate design（精密な設計） 派 accuracy 名 正確さ；精度
686	**patient** [péiʃənt] 形 我慢強い；寛容な　名 患者	✐ be patient with A（Aに我慢する）の形も覚えておこう。 派 patience 名 忍耐 反 impatient（我慢できない）
687	**specific** [spəsífik] 形 特定の；具体的な	✐ Part 5 の品詞識別問題で注意。 派 specify 他 特定する；具体的に話す specification 名 仕様；明細
688	**upcoming** [ʌ́pkʌ̀miŋ] 形 近く起こる	⚠ 近未来のイベント・出来事を形容するのに頻出。forthcoming が類語。

▼センテンスで覚えよう！

（頻出）

This electricity bill is due on March 31.
この電気の請求書は3月31日が支払期限です。

This ticket is valid for the 3:20 P.M. showing of this movie. （頻出）
このチケットは、この映画の午後3時20分からの上映分に有効です。

The round-trip bus tickets are economical, costing only €15.
バスの往復切符は割安で、15ユーロしかしない。

Finish this financial report by the end of this fiscal quarter.
今会計四半期の終わりまでに、この財務報告書を仕上げてください。

Is the information in these spreadsheets accurate?
これらスプレッドシートの情報は正確ですか。

Please be patient while we make upgrades to this Web site.
このウェブサイトをアップグレードする間、どうぞご辛抱ください。

These instructions give specific information about fire safety.
この説明書には防火対策についての具体的な情報が掲載されている。

The upcoming investor presentation will be held at our head office. （頻出）
まもなく実施の投資家向け説明会は弊社の本社で開催されます。

DAY 13 形容詞・副詞① 600点レベル

▼ココに注目！

689	**intensive** [inténsiv] 形 集中的な；徹底的な	⚠ Part 5 の品詞識別問題で注意。 派 **intense** 強烈な；極度の **intensify** 他 強くする
690	**diverse** [divə́ːrs | dai-] 形 さまざまな；多様な	⚠ ダイバーシティ (多様性) は日本語化している。Part 5 の品詞識別問題で注意。 派 **diversity** 名 多様性；ダイバーシティ **diversify** 他 多様化する
691	**competent** [kɑ́mpətənt] 形 有能な；適任の	👁 人事・採用のシーンで頻出。「必要な能力・技能を備えている」という意味で使う。
692	**proficient** [prəfíʃənt] 形 習熟した；技量のある	⚠ **be proficient in [at] A** (Aに習熟している) の形で覚えよう。 派 **proficiency** 名 習熟；技量
693	**competitive** [kəmpétətiv] 形 競争力のある；競争が激しい	⚠ 給与や価格を修飾することもできる。**a competitive salary** (競争力のある給与→高給)、**a competitive price** (競争力のある価格→格安価格)
694	**dedicated** [dédikèitid] 形 献身的な；一生懸命な	⚠ 動詞 dedicate (捧げる) の過去分詞。**be dedicated to A** (Aに専心する) の形も覚えておこう。類語の **committed**、**devoted** も同じ形で使える。
695	**industrious** [indʌ́striəs] 形 勤勉な	⚠ **industrial** (工業の；産業の) と区別しよう。類語は **hardworking**、**diligent** など。
696	**innovative** [ínəvèitiv] 形 革新的な；独創的な	⚠ 製品・手法・人を形容する。**state-of-the-art** が類語。 🟠 **an innovative product** (画期的な製品)

▼センテンスで覚えよう！

Are you going to sign up for that 4-week intensive photography class?
あなたは4週間の集中写真コースに登録するつもりですか。

We maintain a diverse workforce, with staff all over the world.
我々は、世界中から集まったスタッフによる多様な労働力を維持している。

He's competent enough to lead the design group.
彼はデザインチームを率いるのに十分能力がある。

(頻出)

He's proficient in coding and other computer skills.
彼はコーディングや他のコンピュータ技能に習熟している。

This field has many companies, making it very competitive.
この業界には多くの会社があるため、きわめて競争が激しい。

(頻出)

He is a dedicated employee, working a minimum of 10 hours daily.
彼は献身的な社員で、1日10時間以上働く。

That staff is very industrious, working hard on its assignments.
そのスタッフは非常に勤勉で、仕事に賢明に取り組む。

We're looking for innovative engineers such as you.
私たちは、あなたのような革新的な技術者を求めているのです。

DAY 13　形容詞・副詞①　600点レベル

▼ココに注目！

697	**modest** [mάdəst] 形 謙虚な；控えめな	派 modesty 名 謙虚さ；慎み深さ
698	**vacant** [véikənt] 形 空いている；欠員の	⚠ 反意語の occupied（使用中で；従事して）とセットで覚えよう。 コ a vacant post（空席のポスト） 派 vacancy 名 空き；欠員
699	**permanent** [pə́:rmənənt] 形 永遠の；正社員の	⚠ a permanent job で「正社員の仕事」という意味。次の temporary とセットで覚えたい。 類 lasting（永続的な）
700	**temporary** [témpərèri] 形 一時的な；臨時の	⚠ a temporary position で「臨時職」。interim、provisional などが類語。 派 temporarily 副 一時的に
701	**consecutive** [kənsékjutiv] 形 連続した	⚠ 数字や日・期間が「連続する」ことを表す。successive が類語。 派 consecutively 副 連続して
702	**substantial** [səbstǽnʃəl] 形 相当な；実質上の	⚠ TOEIC では「数量」の形容によく使う。 派 substantially 副 相当に；かなり 　　substance 名 実質；物質
703	**sufficient** [səfíʃənt] 形 十分な；足りる	⚠ enough のフォーマルな表現。 派 suffice 自 十分である 反 insufficient（不十分な）
704	**numerous** [njú:mərəs] 形 たくさんの；多数の	⚠ num は「数」を表す。numerical は「数の」という意味。

▼センテンスで覚えよう！

He's a modest athlete who rarely talks about his success.
彼は、自分の成功についてめったに語らない、控えめなスポーツ選手だ。

The hotel often has no vacant rooms during the busy holiday season.
慌ただしい休暇シーズンには、そのホテルはよく空き室がなくなる。

This castle is a permanent symbol of our local history.
この城は、私たちの地域の歴史における永遠のシンボルです。

Victims of the earthquake were given temporary shelter by the government.
地震の犠牲者には政府から一時避難施設が提供された。

The pro golfer won national championships for three consecutive years. (頻出)
そのプロゴルファーは3年連続で国内選手権を制覇した。

He made a substantial effort to increase sales at his firm. (頻出)
彼は会社の売り上げを増やすのに相当な努力をした。

There is certainly sufficient time to finish this project.
このプロジェクトを完了するために確実に十分な時間がある。

There are numerous issues we'll have to deal with in this conference.
この会議では扱わなければならないたくさんの問題がある。

DAY 13　形容詞・副詞①　600点レベル

▼ココに注目！

705	**multiple** [mʌ́ltipl] 形 多数の；多重の	⚠️ multi- は「多数の」の意味の接頭辞。 派 **multiply** 他 増やす；(計算で) 掛ける 関 **multiplex** 名 シネマコンプレックス
706	**respective** [rispéktiv] 形 それぞれの；各自の	⚠️ **respectful**（礼儀正しい；丁重な）、**respectable**（きちんとした；立派な）と区別しよう。 派 **respectively** 副 それぞれ
707	**remarkable** [rimɑ́ːrkəbl] 形 顕著な；際だった	▫ remarkable growth（目覚ましい成長） 派 **remark** 名 感想；発言
708	**outstanding** [àutstǽndiŋ] 形 傑出した；注目すべき；未払いの	⚠️ out-（外に）+ standing（立っている）+ outstanding（傑出した；未払いの） ▫ the outstanding balance（未払い残高）
709	**durable** [djúərəbl] 形 耐久性に優れた；丈夫な	▫ durable goods（耐久消費財）
710	**exclusive** [iksklúːsiv] 形 独占的な；高級な	⚠️ 動詞 exclude（排除する）の形容詞形。「独占的な」→「高級な」の意味でも使う。 ▫ an exclusive club（高級クラブ）
711	**alternative** [ɔːltə́ːrnətiv] 形 別の；型にはまらない 名 別のもの	⚠️ alternative to A（Aとは別の）の前置詞 to に注意。「別の」→「型にはまらない」の意味でも使う。 派 **alternate**（代わりの）
712	**current** [kə́ːrənt] 形 現在の；流通して 名 流れ；動向	▫ the current address（現住所） the current mayor（現職の市長）

▼センテンスで覚えよう！

The aircraft departure was delayed multiple times.
飛行機の出発は何度も遅れた。

Mary, Tom and William are all supervisors in their respective departments. (頻出)
メアリー、トム、ウイリアムは、それぞれの部門で全員が管理職である。

He's remarkable for his creative painting styles.
彼はその独創的な絵画の手法で際だっている。

She's an outstanding doctor in the field of surgery.
彼女は外科手術の分野で傑出した医師である。

That video player is durable enough to last for many years.
そのビデオプレイヤーは、長い年月使うのに十分な耐久性がある。

Our online movie service offers exclusive benefits to our members.
当社のネット映画サービスは、会員に独占的なメリットを提供します。

We'll have to take an alternative road to get home. (頻出)
帰宅するのに、私たちは別の道路を使わなければならないだろう。

The current bank policy is to increase its loans.
現在の銀行の方針は貸し出しを増やすことだ。

DAY 13　形容詞・副詞①　600点レベル

▼ココに注目！

713	**liable** [láiəbl] 形 ～に責任がある；～しがちである	🔎 be liable for A（Aに責任がある）と be liable to do（～しがちである）の2つの用法を覚えよう。 派 liability 名 責任；(通例、複数) 負債
714	**potential** [pəténʃəl] 形 可能性のある；見込みのある 名 可能性；潜在性	⚡ potential customers（潜在顧客）はビジネスでよく使う。 類 possible（可能性のある） likely（ありそうな）
715	**lucrative** [lú:krətiv] 形 儲かる；収益をもたらす	⚡ a lucrative job（高給の仕事）は転職などの場面で出る。 類 profitable（利益の上がる）
716	**prosperous** [prάspərəs] 形 繁栄している；成功している	🟰 a prosperous company（成功している会社） 派 prosper 自 繁栄する prosperity 名 繁栄；成功
717	**precious** [préʃəs] 形 貴重な；高価な	⚡ valuable、valued などが類語。 🟰 precious metal（貴金属）
718	**sustainable** [səstéinəbl] 形 持続可能な	⚡ カタカナの「サステナブル」も定着しつつある。動詞 sustain（持続させる・する）の形容詞形。
719	**voluntary** [vάləntèri] 形 自発的な；自主参加の	🟰 voluntary regulation（自主規制） voluntary work（ボランティア活動） 派 volunteer 名 ボランティア 反 compulsory（義務の）
720	**typical** [típikəl] 形 典型的な	⚡ type（型；類型）の形容詞形。 🟰 a typical example（典型的な例）

▼ センテンスで覚えよう！

The park is not liable for accidents on its grounds. (頻出)
公園はその敷地で起こった事故に責任を負いかねます。

The corporation wanted to avoid any potential production problems.
その会社は、可能性のある生産の問題を回避したかった。

This popular fashion line is lucrative for the firm. (頻出)
この人気の衣料品ラインは会社に収益をもたらしている。

Large foreign investment made my city very prosperous.
外国からの大規模な投資によって私の市は繁栄した。

This precious jewelry is now available at 20% off its regular price.
この高価な宝石は目下、通常価格の20パーセント引きで販売されています。

The company feels that its present growth rate is sustainable.
その会社は、現在の成長率が持続可能であると考えている。

The seminar is voluntary, but we hope many employees will attend.
そのセミナーは自主参加のものだが、私たちは多くの社員が出席すると期待している。

On a typical day, we need at least 56 construction workers.
典型的な日には、我々は最低56人の建設作業員を必要とする。

DAY 14　形容詞・副詞②　600点レベル

▼ココに注目！

721 acclaimed [əkléimd]
形 賞賛を受けている；高名な

動詞 acclaim（称賛する）の過去分詞。人物の紹介の場面でよく使われる。admired や esteemed などが類語。

722 ambitious [æmbíʃəs]
形 野心のある；〜を熱望している

be ambitious to do（do すること を熱望している）
派 ambition 名 野心；熱望

723 cordial [kɔ́:rdʒəl]
形 心のこもった

friendly のフォーマルな言い方。
a cordial welcome（心のこもった歓迎）
派 cordially 副 心をこめて

724 mature [mətjúər]
形 成熟した；（保険などが）満期の

原義は動植物が「成熟した」で、人から保険まで幅広く使える。
反 immature（未成熟の）

725 prestigious [prestídʒiəs]
形 一流の；権威のある

名詞の prestige（名声；評判）も重要。distinguished などが類語。
a prestigious brand（一流ブランド）

726 unanimous [junǽniməs]
形 満場一致の

会議で必須の形容詞。a unanimous decision（満場一致の決定）が頻出。
派 unanimously 副 満場一致で
反 divided（意見が割れた）

727 remote [rimóut]
形 遠く離れた；（可能性などが）わずかな

「（可能性が）わずかな」の意味に注意。a remote chance（わずかなチャンス）

728 adjacent [ədʒéisnt]
形 隣接する

adjacent to A（Aに隣接する）の前置詞 to に注意。

▼センテンスで覚えよう！

(頻出)

He is an acclaimed author who has won many awards.
彼は多くの賞を獲得した高名な作家だ。

She's an ambitious person, so she wants to become a CEO.
彼女は野心をもった人で、CEOになりたいと思っている。

The convention host gave a cordial greeting to all of the guests.
大会のホストは来客全員に心のこもった挨拶をした。

She's a mature executive, always calm during times of trouble.
彼女は成熟した経営者で、トラブルのときでもいつも冷静だ。

That is one of the most prestigious business schools in the country.
それは、国内で最も権威あるビジネススクールの1つだ。

All 18 department heads were unanimous in supporting the decision. (頻出)
18人の部門長全員が満場一致でその決定を支持した。

Will our mobile phones work in these remote mountains?
私たちの携帯電話はこんな辺ぴな山の中でも使えるだろうか。

They stayed in adjacent hotel rooms on the business trip.
彼らは出張でホテルの隣り合った部屋に宿泊した。

DAY 14 形容詞・副詞② 600点レベル

▼ココに注目！

729 comprehensive
[kàmprihénsiv]

形 包括的な；広範な

- a comprehensive list (完全なリスト)
- 派 comprehend 他 理解する；含む

730 administrative
[ədmínəstrèitiv]

形 経営の；管理運営の

- 「経営の」と、「(オフィスの)管理運営業務の」という意味で使う。
- 派 administration 名 経営；管理運営

731 complimentary
[kàmpləméntəri]

形 無料で提供される

- 試供品や販促品などを修飾する。free of charge が類語。

732 mandatory
[mǽndətɔ̀:ri]

形 強制的な；必須の

- mandatory は「必要」の意味の形容詞で、後続の that 節の中は仮定法現在 (動詞は原形) になる。類語の imperative や required も同様。

733 preliminary
[prilímənèri]

形 予備的な；準備の

- preliminary to A (Aに先立つ)
- a preliminary study (予備調査)

734 relevant [réləvənt]

形 関連がある；適切な

- relevant to A (Aと関係がある) の前置詞 to に注意。pertinent (to) が類語。
- 反 irrelevant (無関係な；不適切な)

735 feasible [fí:zəbl]

形 実現可能な；見込みのある

- 名詞の feasibility を使った a feasibility study (事業化調査) はビジネスでよく使う。
- a feasible goal (達成可能な目標)

736 authentic [ɔ:θéntik]

形 本物の；信頼できる

- an authentic Rolex で「本物のロレックス」、an authentic report で「信頼できる報道」。

▼センテンスで覚えよう！

The firm made a comprehensive review of its recent performance.
その会社は最近の実績について包括的な調査を行った。

As department head, she makes many administrative decisions.
彼女は部門長として、多くの経営判断を下す。

Snacks and beverages served in the lobby are complimentary. (頻出)
ロビーで提供される軽食と飲み物は無料です。

No one can skip the mandatory meeting next week.
来週の出席必須の会議は外すことはできません。

This is a preliminary report, with a final one coming later.
これは予備報告で、最終報告は後になります。

Is that topic relevant to our agenda?
そのテーマは私たちの議題に関係あるのですか。

They reviewed the proposal to see whether it was feasible.
彼らはその企画が実現可能かどうかを見極めるためにそれを検討した。

The restaurant serves authentic Mexican dishes.
そのレストランは本物のメキシコ料理を出す。

DAY 14　形容詞・副詞②　600点レベル

▼ココに注目！

737 confidential [kànfədénʃəl]
形 機密の；内密の

- confident (自信のある)と区別したい。
- confidential information (機密情報)
- 派 confidence 名 自信；信用；秘密

738 crucial [krúːʃəl]
形 きわめて重要な

- 構 crucial to A (Aにとってきわめて重要な)
- 類 critical (重大な；危機的な)

739 generous [dʒénərəs]
形 気前のいい；寛大な

- 「(お金・時間に)寛大である」という意味で使う。
- 派 generosity 名 気前よさ；寛大さ

740 inevitable [inévitəbl]
形 避けられない

- in- (ない) + evitable (避けられる)
  = inevitable (避けられない)
- an inevitable result (避けられない結果)

741 considerably [kənsídərəbli]
副 かなり；相当

- considerately (思いやりをもって)と区別しよう。

742 approximately [əpráksimətli]
副 おおよそ；約

- 〈approximately + 数字 + 複数名詞〉の形で approximately が空所になっている Part 5 の問題に注意。roughly、about などが類語。

743 tentatively [téntətivli]
副 仮に；暫定的に

- 形容詞 tentative (仮の)の副詞形。暫定的に何かを決める文脈で使う。temporarily、provisionally が類語。

744 mostly [móustli]
副 たいてい；大部分は

- 「たいてい」の意味では usually が、「大部分は」の意味では mainly が類語。
- 構 mostly because ~ (主に~という理由で)

▼センテンスで覚えよう！

I'm your lawyer, so everything you tell me is confidential.
私はあなたの弁護士なので、あなたが話すことはすべて機密とします。

She made a crucial decision to focus on product quality.
彼女は製品の品質に傾注するというきわめて重要な決断をした。

He is rich but generous, giving money to various charities.
彼は金持ちだが気前がよく、さまざまな慈善事業に献金している。

It seems inevitable that the failing firm will go out of business.
その業績不振企業が廃業するのは避けられないようだ。

She's considerably better at golf than her husband.
彼女は夫よりもゴルフがかなり上手い。

Approximately 6,000 people are expected to come to the convention. (頻出)
その会議にはおよそ6千人が来場すると予測される。

We have tentatively approved your plan, but will confirm it later. (頻出)
私たちはあなたの計画を暫定的に承認しますが、後で確認させてもらいます。

She works mostly in the Seattle office.
彼女はたいていシアトル事務所で働いている。

DAY 14 形容詞・副詞② 600点レベル

▼ココに注目！

745 eventually [ivéntʃuəli]
副 最後には；結局は

⚠ 前文との因果関係を示すのに使える。また、未来の状況について「ゆくゆくは」という意味もある。Part 6 注意。

746 regrettably [rigrétəbli]
副 残念ながら

⚠ 動詞 regret（後悔する）の副詞形。相手にとって望ましくないことを伝える文で前置きに使う。Part 6 で注意。**unfortunately** も同様の役割。

747 extremely [ikstríːmli]
副 きわめて；極端に

⚠ 形容詞 extreme（極度の）の副詞形。形容詞・副詞の程度を強調する。

748 relatively [rélətivli]
副 割合に；比較的

⚠ 修飾する形容詞や副詞の程度をやわらげる。**comparatively** が類語。

749 separately [sépərətli]
副 別々に

⚠ 動詞 separate（分ける）の副詞形。**individually** が類語。

750 thoroughly [θə́ːrouli]
副 完全に；入念に

⚠ 形容詞 thorough（完全な；徹底的な）の副詞形。
● **enjoy thoroughly**（心ゆくまで楽しむ）

751 furthermore [fə́ːrðərmɔ̀ːr]
副 さらに；しかも

⚠ 前文までの内容に別の情報を付加するつなぎ言葉として使う。Part 6 頻出。類語は **in addition**、**moreover**、**besides**。

752 meanwhile [míːnhwàil]
副 その間に；一方では

⚠ 前文を受けるつなぎ言葉としてよく使う。「その間に」の意味では **for the moment** が、「一方では」の意味では **on the other hand** が類語。

▼ センテンスで覚えよう！

They're confident they can <u>eventually</u> discover gold in that area.

彼らは最後にはその地域で金を発見できると自信をもっている。

<u>Regrettably</u>, I can't attend your housewarming party next week. （頻出）

残念ですが、来週の新居のお披露目パーティーには出席できません。

He is an <u>extremely</u> clever shopper, always finding great deals at stores.

彼はきわめて賢い買い物客で、いつも店の格安セール品を見つける。

It's a <u>relatively</u> short trip from downtown to the port.

都心から港までは比較的短い時間で移動できます。

Are we going to work on these projects <u>separately</u> or together?

これらのプロジェクトは別々にやりますか、それとも一緒にやりますか。

Be sure to <u>thoroughly</u> clean these hallways.

これら廊下を入念に清掃してください。

He's an outstanding scientist. <u>Furthermore</u>, he has written several textbooks. （頻出）

彼は著名な科学者だ。しかも彼は数冊の教科書を書いている。

Your meal is on the way. <u>Meanwhile</u>, would you like some appetizers?

お客様のお食事は準備中です。その間に前菜などいかがでしょうか。

DAY 14　形容詞・副詞②　600点レベル

▼ココに注目！

753	**subsequently** [sʌ́bsikwəntli] 副 その次に；その後	ⓘ前文との時間の前後関係を示すつなぎ言葉としても使う。Part 6 注意。**later** が類語。
754	**afterward** [ǽftərwərd] 副 後で；その後	ⓘ**afterwards** とつづることも。**beforehand**（前もって；あらかじめ）とセットで覚えよう。
755	**simultaneously** [sàiməltéiniəsli] 副 同時に	ⓘ**at the same time** の改まった表現。 横 **simultaneously with A**（Aと同時に）
756	**consequently** [kánsəkwèntli] 副 結果として；したがって	ⓘ前文との因果関係を示すのに使う。Part 6 注意。**as a result**, **therefore** などが類語。 派 **consequence** 名 結果；影響
757	**accordingly** [əkɔ́ːrdiŋli] 副 それにしたがって；それを受けて	ⓘ前文で言ったことを、順接で受けるつなぎ言葉としてよく使う。Part 6 注意。
758	**presumably** [prizúːməbli] 副 おそらく	ⓘ確度はかなり高く、「十中八九」のニュアンス。
759	**apparently** [əpǽrəntli] 副 外見上は；どうやら	ⓘ推測や疑念を表す文脈で使う。**seemingly** が類語。形容詞 **apparent** とは違って、「明らかに」の意味で使うことはほとんどない。
760	**merely** [míərli] 副 単に；ただ	ⓘ**only** と同様の意味。 横 **not merely A but (also) B**（Aばかりでなく B も）

▼センテンスで覚えよう！

The company grew fast. Subsequently, it needed a larger headquarters.
その会社は急成長した。その後、より大きな本社が必要になった。

He'll give a 30-minute presentation. Afterward, he'll take questions.
彼は30分間のプレゼンをします。その後で、質問を受けます。

She is simultaneously serving as both CEO and Chairperson of the Board. (頻出)
彼女はCEOと役員会の会長を同時に務めている。

Snowstorms hit major highways. Consequently, several traffic accidents occurred.
吹雪が主要な幹線道路を襲った。その結果、数件の交通事故が発生した。

We value safety. Accordingly, everyone on our worksites must wear helmets.
我々は安全を重視します。それにしたがって、作業現場のだれもがヘルメットを着用しなければなりません。

She is presumably an economics expert, having studied it for so long.
彼女は経済学を長い間勉強してきたので、おそらくその専門家だ。

She's apparently going to be promoted to IT manager soon.
彼女はどうやら近いうちにIT課長に昇格するようだ。

Being a new recruit, she merely obeyed her manager.
新入社員として、彼女はただ上司に従うだけだった。

DAY 15　名詞①　600点レベル

▼ココに注目！

761 agenda [ədʒéndə]
名 (会議の) 議題；予定表

- 「話し合うべき議題の一覧」「行うべき予定の一覧」を指す。
- on the agenda ([会議の] 議題になって)

762 custom [kástəm]
名 慣習；習慣；(複数で) 税関

- local custom (地元の慣習)
- a customs area (税関エリア)
- 派 customary 形 慣例の；習慣の

763 draft [drǽft]
名 下書き；草稿

- 契約書などの書類の「下書き」の意味で頻出。
- the first draft (最初の下書き)

764 input [ínpùt]
名 意見；協力；入力

- 「入力」の意味もあるが、人が提供する「意見」「協力」の意味でもよく使う。
- Thank you for your input. (ご意見をありがとう)

765 refund [rí:fʌnd]
名 返金　他 [-´-] 返金する

- ショッピング関連で必須。名詞・動詞ともによく出る。reimbursement (動詞が reimburse) との言い換えに注意。

766 associate [əsóuʃièit]
名 仲間；同僚
他 結びつけて考える　形 副〜

- 形容詞で使うと an associate editor で「副編集長」。動詞では associate A with B で「AをBと結びつけて考える；AからBを連想する」。

767 review [rivjú:]
名 調査；評価
他 調査する；批評する

- book reviews (書評)
- under review (検討中で)

768 survey [sə́:rvei]
名 調査；アンケート
他 [-´-] 調査する

- conduct [carry out] a survey (調査を実施する)

▼センテンスで覚えよう！

The meeting <u>agenda</u> will include cost and quality control. (頻出)
会議の<u>議題</u>にはコストと品質の管理が含まれる。

His <u>custom</u> is to have a cup of coffee each morning.
彼の<u>習慣</u>は毎朝1杯のコーヒーを飲むことだ。

This is only the first <u>draft</u> of the contract. (頻出)
これはまだ契約書の第1<u>草稿</u>です。

I want <u>input</u> from all department managers on this issue.
私はこの問題で全部門のマネジャーから<u>意見</u>を募りたい。

<u>Refunds</u> are always paid to customers dissatisfied with our products.
当社の製品にご不満のお客様にはいつでも<u>返金</u>をさせていただきます。

She's a longtime work <u>associate</u> of mine
彼女は、長い期間にわたる私の仕事の<u>同僚</u>です。

When will my performance <u>review</u> be?
私の業績<u>評価</u>はいつになりますか。

The firm will conduct a customer satisfaction <u>survey</u> next quarter. (頻出)
その会社は次の四半期に顧客満足度の<u>調査</u>を実施する。

DAY 15　名詞①　600点レベル

▼ココに注目！

769 feedback [fíːdbæk]
名 (顧客などの) 反応・意見；フィードバック

- アンケートや市場調査への「反応」「意見」の意味で出る。response、comment が類語。

770 occasion [əkéiʒən]
名 行事；祭典；機会

- a social occasion (社交の催し)
- 派 occasional 形 時々の

771 expertise [èkspərtíːz]
名 専門知識[技能]

- ストレスが最後にあるので、リスニングで注意。

772 biography [baiágrəfi]
名 伝記；経歴

- bio- (命) + graphy (書かれたもの) = biography (伝記)。「経歴」の意味でも使う。
- 関 autobiography (自伝)

773 gratitude [grǽtətjùːd]
名 感謝

- メールや手紙でよく使う言葉。thankfulness、gratefulness が類語。
- express gratitude (感謝を示す)

774 instruction [instrʌ́kʃən]
名 指示；(複数で) 取扱説明書

- follow instructions (指示に従う)
- 派 instructive 形 役に立つ；教育的な
- instructor 名 指導者；教官

775 loyalty [lɔ́iəlti]
名 (人や信条への) 忠誠；支持

- royalty (特許権使用料；印税) と区別しよう。
- employee loyalty (社員の忠誠心)
- a loyalty card (お客様カード)

776 objective [əbdʒéktiv]
名 目標　形 客観的な

- 数値目標や業務の達成目標を表す。goal、target が類語。
- sales objectives (売り上げ目標)

▼センテンスで覚えよう！

Most customer feedback about the product has been positive.
その商品についての顧客の反応の大半は好意的なものである。

We cater for all occasions, including shareholder meetings and charitable events.
私たちは、株主総会や慈善イベントなどのすべての行事に食事を提供します。

(頻出)
She has a lot of expertise in online marketing.
彼女はオンラインマーケティングの豊富な専門知識をもっている。

A biography of CIO Wallace's life outlined her challenges and achievements.
ウォレスCIOの人生の伝記は彼女の挑戦と達成を描いたものだ。

(頻出)
The actor expressed gratitude to all of his fans during the interview.
その俳優は、インタビューの中ですべてのファンへの感謝を表明した。

Please read these instructions on how to use this radio.
このラジオの使い方について、これらの指示を読んでください。

The firm worked hard to win the loyalty of customers.
その会社は顧客の支持を獲得するために尽力した。

Our objective is to become an industry-leading firm.
我々の目標は業界トップの会社になることだ。

DAY 15　名詞① 600点レベル

▼ココに注目！

777	**phase** [féiz] 名 段階；局面	ⓘ プロジェクトや工事の「段階」を示すのに使う。**stage** が類語。
778	**prospect** [práspekt] 名 将来見通し；将来性のある人[モノ]	▫ career prospects (仕事の将来性) 　a young prospect (若手のホープ) 派 prospective 形 期待される
779	**strategy** [strǽtədʒi] 名 戦略	ⓘ **strategy** は「全体的な戦略」を指し、**tactics** は「個別の局面の戦術」を指す。ペアで覚えておこう。
780	**venture** [véntʃər] 名 事業；冒険	▫ a joint venture (合弁事業) 類 enterprise (事業；企業) 　undertaking (事業；企て)
781	**experiment** [ikspérimənt] 名 実験；試み 自 実験する	▫ conduct [carry out] an experiment (実験をする) 派 experimental 形 実験の
782	**appliance** [əpláiəns] 名 家電製品；器具	ⓘ「家電製品」は electric appliance だが、**appliance** 単独でも使う。また「器具；用具」として広く使える。
783	**resource** [ríːsɔːrs] 名 資源；資産	▫ natural resources (天然資源) 　human resources (人材) 派 resourceful 形 資源が豊富な；才能がある
784	**output** [áutpùt] 名 生産高；出力	ⓘ 人・機械・産業が「生み出す量」を指す。**turnout**、**production** が類語。 ▫ domestic output (国内生産高)

▼センテンスで覚えよう！

頻出

We're only in the design phase of this aircraft.
我々はこの航空機のまだ設計段階です。

Are there good prospects for us to increase our market share?
我々が市場占有率を伸ばすという良好な将来見通しがありますか。

The analysts said that the business expansion strategy was sound.
アナリストらは、事業の拡大戦略は健全なものだと発言した。

The two firms created a venture to combine their resources.
両社は資産を統合するための事業を立ち上げた。

How are your laboratory experiments going?
あなたの研究所の実験はどのように進行していますか。

The firm added a new refrigerator brand to its line of appliances.
その会社は自社の家電製品ラインに新しい冷蔵庫ブランドを加えた。

Our company develops energy resources such as oil, coal and natural gas.
当社は、石油、石炭、天然ガスというエネルギー資源を開発している。

We can increase factory output by using newer machinery.
我々は新しい機械を使うことによって工場の生産高を増やすことができる。

DAY 15 名詞① 600点レベル

▼ココに注目！

785 instrument [ínstrəmənt]
名 器具；楽器；手段

- a surgical instrument (手術器具)
  financing instrument (資金調達手段)

786 flaw [flɔ́:]
名 欠陥；不備

- 機械の「欠陥」や計画の「不備」などを指す。
- a design flaw (設計のミス)
- 派 flawless 形 欠陥のない；完ぺきな

787 circumstance [sə́:rkəmstæns]
名 状況；環境

- economic circumstances (経済状況)
- under no circumstances (いかなる状況であっても〜ない)

788 situation [sìtʃuéiʃən]
名 状況；事情

- 動詞 situate (〜をある状態に置く) の名詞形。if the situation permits (状況が許せば) は仕事でよく使う表現。

789 breakthrough [bréikθrù:]
名 技術革新；飛躍的な進歩

- 動詞句 break through (〜を打破する；大発見をする) の名詞形。研究開発の必須語。
- 類 innovation (革新)

790 timeline [táimlàin]
名 スケジュール (表)；(歴史) 年表

- 「スケジュール (表)」の意味では timetable が、「年表」の意味では chronology が類語。

791 degree [digrí:]
名 学位；程度；(気温などの) 度

- grade (成績) や transcript (成績証明書) も覚えておこう。
- a bachelor's degree (学士号)
  a master's degree (博士号)

792 incentive [inséntiv]
名 優遇措置；報奨金

- ビジネスでは報奨金、ストックオプションなどの「優遇措置」を指す。
- an incentive bonus (特別ボーナス)

▼センテンスで覚えよう！

She plays three musical instruments: the piano, the violin and the flute.
彼女は、ピアノ、バイオリン、フルートという3つの楽器を演奏する。

We assure you that there are no flaws in our business plan.
我々の事業計画には不備がないことをみなさんに保証します。

Troubled market circumstances prevent the firm from hiring more people right now.
混乱した市場環境により、会社はすぐには人員をこれ以上採用できない。

What's the stock market situation this morning?
今朝の株式市場の状況はどうですか。

She achieved a breakthrough in the field of genetics.
彼女は遺伝子工学の分野で技術革新を達成した。

What's the timeline on upgrading our database?
我々のデータベースの更新スケジュールはどうなっていますか。

Are you studying for a degree in biotechnology?
あなたは生化学の学位を取るために勉強しているのですか。

As an incentive, $5,000 bonuses will be paid to top salespeople.
最優秀の販売員には、報奨金として5千ドルのボーナスが支払われる。

DAY 15　名詞①　600点レベル

▼ココに注目！

793 reference [réfərəns]
名 推薦（人）；参照

- 履歴書に記載する「推薦人」の意味に注意。
- a letter of reference（推薦状）

794 privilege [prívəlidʒ]
名 特典；特権　他 特典を与える

- privileged　形 特典のある

795 commission [kəmíʃən]
名 歩合給；報酬；委員会

- 「委員会」の意味もある。Securities and Exchange Commission（証券取引委員会）

796 certificate [sərtífikət]
名 証明書；認証

- a graduate certificate（卒業証明書）、a teaching certificate（教員免許）のように使う。
- certify　他 証明する

797 hierarchy [háiərà:rki]
名 階層；ヒエラルキー

- 「ヒエラルキー」ではなく「ハイアラーキー」と発音するので注意。
- corporate hierarchy（会社の職階）

798 routine [ru:tí:n]
名 日課；習慣
形 日課の；決まった

- 形容詞としても使える。a routine inspection（定期検査）

799 pastime [pǽstàim]
名 娯楽；気晴らし

- hobby、leisure activity、recreation が類語。
- a national pastime（国民的な娯楽）

800 well-being [wèlbí:iŋ]
名 快適さ；幸福

- 「快適で健康的な状態」を表す。

▼センテンスで覚えよう！

Applicants must submit three references for this job. 【頻出】
応募者はこの仕事のため3人の推薦人を提示しなければならない。

Store members have the privilege of enjoying special discounts.
お店の会員は特別のディスカウントを受ける特典があります。

You'll be paid a 15% commission on each item you sell.
販売する1品目について15％の歩合給が支払われます。

He earned a certificate of excellence in machine repair.
彼は機械修理でエクセレンス認証をもらった。

He had to respect his superiors in the corporate hierarchy.
彼は会社の階層の中で目上の人に敬意を払わなければならなかった。

He has a glass of milk before bed as a daily routine.
彼は毎日の習慣として、寝る前に1杯の牛乳を飲む。

Playing basketball is her favorite pastime.
バスケットボールをすることが彼女の好みの娯楽だ。

We are always looking out for the well-being of our passengers.
私たちはいつも、乗客の快適さに注意を払っています。

DAY 16　名詞②　600点レベル

▼ココに注目！

801	**hospitality** [hàspətǽləti]　名 もてなし；接客	⚠️形容詞の **hospitable** (温かくもてなす) も重要語。
802	**amenity** [əménəti]　名 生活を便利にする設備；アメニティ	💬**basic amenities** (基本的な設備)　**recreational amenities** (娯楽設備)
803	**fare** [féər]　名 料理；運賃；娯楽作品	⚠️多義語なので、文脈で意味を見極めたい。 💬**traditional fare** (伝統料理)　**a round-trip fare** (往復運賃)
804	**flavor** [fléivər]　名 味；雰囲気	⚠️**an European flavor** (ヨーロッパの雰囲気) のように「雰囲気；趣」の意味もある。
805	**appetite** [ǽpətàit]　名 食欲；欲求	⚠️例文のように、食べ物以外の「欲求」にも使える。 💬**have a good appetite** (食欲がある)
806	**admission** [ædmíʃən]　名 入場料；入会	⚠️動詞 **admit** (認める) の名詞形。単独で「入場料 (admission fee)」の意味で使える。
807	**duration** [djuréiʃən]　名 継続時間；有効期間	⚠️会議やイベントの「継続時間」、交通機関の「運行時間」、契約書の「有効期間」などの意味で使う。
808	**venue** [vénju:]　名 開催場所	📝イベントや会議の「開催場所」を指す。**location** や **place** への言い換えに注意。

▼センテンスで覚えよう！

That province is famous for its culture of hospitality toward travelers.
その州は、旅行者に対するもてなしの文化で有名である。

A modern fitness room is only one of the amenities we offer.
現代的なフィットネスルームは私どもが提供するアメニティのほんの1つです。

Please pay the fare at the end of your bus ride.
バスを降りるときに運賃を支払ってください。

You can choose from 16 different chocolate flavors in our shop.
当店では、16種類あるさまざまなチョコレートの味の中から選択することができます。

The firm has a continuing appetite for innovation.
その会社には技術革新へのあくなき欲求がある。

Amusement park admission is $72.99 for adults and $53.99 for children. (頻出)
遊園地の入場料は、大人72.99ドル、子供53.99ドルです。

The proposed duration of our agreement will be five years.
提示された我々の契約の有効期間は5年になります。

Carew Plaza is a nice venue for outdoor events such as concerts. (頻出)
カリュープラザは、コンサートのような屋外イベントに適した場所である。

DAY 16 名詞② 600点レベル

▼ココに注目！

809 premise [prémis]
名 (通例、複数) 建物の敷地

- 「建物の敷地」の意味で出る。この意味では、compound、property、site が類語。
- on the premises (敷地内で)

810 podium [póudiəm]
名 演壇

- Part 1 注意。platform、stage、dais も同様の意味で使う。
- take the podium (演壇に上がる；演説をする)

811 celebrity [səlébrəti]
名 有名人；セレブ

- 英語でも celeb と短縮形で使える。
- a sports celebrity (スポーツ界の有名人)

812 legend [lédʒənd]
名 伝説；達成者；(地図などの) 凡例

- 「レジェンド」は日本語化しているが、その分野の「達人；達成者」を表す。
- 類 sensation (大評判の人)

813 integrity [intégrəti]
名 誠実；完全な状態

- a person of integrity (誠実な人物)
  integrity of a nation (国家の統一性)
- 派 integrate 他 統合する

814 behavior [bihéivjər]
名 振る舞い；行動

- 動詞 behave (振る舞う) の名詞形。conduct が類語。
- good [bad] behavior (良い [悪い] 振る舞い)。

815 heritage [héritidʒ]
名 遺産；継承物

- 財産から文化まで「受け継がれたもの」を指す。
- world heritage (世界遺産)
- 派 inherit 他 相続する；受け継ぐ

816 reputation [rèpjətéiʃən]
名 評判；名声

- 構 a reputation for A (Aという評判)
- 類 renoun (名声)
  esteem (敬意)

▼センテンスで覚えよう！

A wall encircles the <u>premises</u> of this apartment.
壁がこのアパートの敷地を取り巻いている。

The president will take the <u>podium</u> to explain her new policy.
社長は彼女の新しい方針を説明するために演壇に上がる予定だ。

As a <u>celebrity</u>, his social media site is followed by many people.
有名人として、彼のソーシャルメディアのサイトは多くの人々にフォローされている。

He became a jazz <u>legend</u> after 20 widely successful music releases.
彼は20もの幅広く成功した楽曲を発表してきて、ジャズの伝説となった。

His high <u>integrity</u> prevents him from acting dishonestly in business.
彼はきわめて誠実であるので、仕事で不正を働くことはない。

Staff <u>behavior</u> at our firm must follow the employee code of conduct.
当社のスタッフの行動は従業員規則に即したものでなければならない。

This ancient statue is part of our national <u>heritage</u>.
この古代の像は国家遺産になっている。

(頻出)

He has a <u>reputation</u> for exceptional leadership.
彼には類い稀なリーダーであるという評判がある。

DAY 16　名詞②　600点レベル

▼ココに注目！

817	**token** [tóukən] 名 しるし；象徴	as a token of A (Aのしるしとして) の形でよく使う。Aには感情の表現が入る。
818	**tip** [típ] 名 助言；チップ；先端	useful tips (役に立つ助言) leave a tip (チップを残す) tip of the iceberg (氷山の一角)
819	**measure** [méʒər] 名 手段；対策；基準　他 測る	「手段」の意味では、通例複数で使う。 cost-cutting measures (経費削減の手段)
820	**remark** [rimáːrk] 名 意見；発言 他 (意見を) 述べる	make remarks (発言する；コメントする) opening remarks (開会の辞)
821	**alliance** [əláiəns] 名 提携	in alliance (提携して) 派 ally 名 協力者；同盟国
822	**commitment** [kəmítmənt] 名 約束；取り組み	動詞 commit (取り組む) の名詞形。 fulfill a commitment (約束を果たす) 派 committed 形 献身的な；真剣な
823	**compromise** [kámprəmàiz] 名 妥協　自 妥協する	com- (共に) + promise (約束) = compromise (妥協)。 reach [make] a compromise (妥協する)
824	**counterpart** [káuntərpàːrt] 名 (役職などが対応する) 相手側の人	counter- (反対の) + part (部分) = counterpart (対応する人)。こちらが営業課長なら、先方の営業課長を指す。

▼センテンスで覚えよう！

Shoppers received small gifts of soap, as tokens of the store's appreciation. (頻出)
買い物客は、店の感謝のしるしとして小さな石けんのギフトを受け取った。

The seminar speaker provided tips on personal money management.
そのセミナーの講師は個人の金銭管理についての助言を行った。

What kinds of measures do we need to recruit more workers?
さらに多くの労働者を採用するにはどんな手段が必要だろうか。

She wrote a few remarks for us on the contract draft.
彼女は私たちのために、契約書の草案について、いくつか意見を書いてくれた。

The two companies formed an alliance to share some technologies.
2社はいくつかの技術を共有するために提携をした。

That ministry has a strong commitment to labor safety.
その省は労働者の安全に真剣に取り組んでいる。

The negotiators finally found a compromise on the merger issues.
交渉担当者はついに、合併案件で妥協点を見いだした。

Lawyers in the patent case argued with their counterparts.
その特許案件の担当弁護士は、相手側（弁護士）と議論した。

DAY 16　名詞②　600点レベル

▼ココに注目！

825 predecessor [prédəsèsər]
名 前任者；前のもの

⌀ 反意語の「後任者」は successor、replacement と言う。
派 precede 他自 先立つ；先行する

826 outlook [áutlùk]
名 展望；予想；眺め

⌀ out-（外を）+ look（見る）= outlook（展望；眺め）。the outlook from the rooftop（屋上からの眺め）

827 perspective [pərspéktiv]
名 展望；全体像

橋 one's perspective on A（人のAについての展望）

828 outcome [áutkÀm]
名 結果；成果

⌀ out-（外に）+ come（来る）= outcome（結果）。result が類語。

829 advantage [ədvæntidʒ]
名 優位；利点

□ gain advantage（優位になる）
派 advantageous 形 有利な；好都合な
反 disadvantage（不利；不都合な点）

830 impact [ímpækt]
名 影響；衝撃　他 影響を与える

類 effect（影響；効果）
influence（影響）

831 portion [pɔ́ːrʃən]
名 部分；一部

⌀ 原義は「分け前」だが、part と同じように「部分」の意味で使う。
橋 a portion of A（Aの一部）

832 element [éləmənt]
名 要素；成分

□ a key element（重要な要素）
派 elementary 形 初級の；基礎的な

▼センテンスで覚えよう！

Her predecessor as CFO was Carl Brown, who retired last year.

彼女のCFOの前任者はカール・ブラウンで、去年引退した。

The weather outlook for today is bright and sunny.

今日の天気の予想は快晴です。

His perspective on manufacturing is based on IT.

製造業についての彼の展望はITに基づいたものだ。

The best outcome for us would be increased sales next quarter.

我々にとっての最良の結果は次の四半期に売り上げが伸びることだ。

Our excellent customer service gives us a market advantage.

優れた顧客サービスにより我々は市場で優位に立てている。

What sort of impact will energy prices have on the economy?

エネルギー価格は経済にどんな種類の影響を与えるだろうか。

A portion of the presentation is reserved for media questions.

その発表の一部（時間）はマスコミの質問のために留保されている。

Craftsmanship is the critical element in all of our furniture.

職人技は、当社の全ての家具の重要な要素です。

DAY 16　名詞② 600点レベル

▼ココに注目！

833 coverage [kávəridʒ]
名 報道範囲；(保険などの)適用範囲

- 動詞 cover (覆う；及ぶ) の名詞形。
- news coverage (報道範囲)
  insurance coverage (保険の適用範囲)

834 excerpt [éksə:rpt]
名 抜粋；抄録　他 [-́-] 抜粋する

- 長い文章からの「抜粋」を指す。Part 7 の指示文にも登場。
- an excerpt from A (Aからの抜粋)

835 principle [prínsəpl]
名 原則；主義

- in principle (原理的には；原則としては)

836 institution [ìnstətjú:ʃən]
名 団体；(公共)機関；制度

- 動詞 institute (制定する) の名詞形。
- a financial institution (金融機関)
- 派 institutional 形 組織の；施設の

837 structure [strʌ́ktʃər]
名 建造物；構造

- 「建造物」の意味では Part 1 で注意。
  a concrete structure (コンクリート製の建造物)
- social structure (社会構造)

838 regulation [règjuléiʃən]
名 規則；規制

- 動詞 regulate (規制する) の名詞形。rules and regulations (規則) も覚えておこう。
- meet regulations (規則を守る)

839 alert [ələ́:rt]
名 警告　形 警戒している

- an e-mail alert (警告メール)
- on alert (警戒して；用心して)

840 row [róu]
名 (座席などの)列；並び

- 一般的に「横に並んだ列」を表し、「縦に並んだ列」は line で表す。
- the front row (最前列)

▼センテンスで覚えよう！

The media gave wide coverage to the medical conference.
メディアはその医学会議を幅広く報道した。

I'll read you a few excerpts from this long report.
この長いレポートのいくつかの抜粋をみなさんに読んでお聞かせしましょう。

Performance-based pay is a core principle of the firm.
業績連動給はその会社の基本原則の1つだ。

Our institution is dedicated to promoting local art.
当団体は地元の美術の振興に取り組んでいます。

The bridge structure was inspected for damage.
その橋の構造に被害があるかどうかが点検された。

The delivery company follows all national travel regulations.
その運送会社は国のすべての旅行規則に従っている。

An alert will reach the security room if an elevator breaks down.
エレベーターが故障したら、警告が警備室に届くことになっている。

We picked up some expensive seats in the first row.
私たちは最前列の高価な席をいくつか購入した。

DAY 17　ビジネス・生活① 　600点レベル

▼ココに注目！

841	**estimate** [éstimèit] 名 見積もり 他 見積もる；概算する	⦿ 名詞で「見積もり」の意味で頻出。**quote [quotation]** が類語。
842	**invoice** [ínvɔis] 名 請求書；インボイス	⦿「明細を記載した請求書」のこと。通関手続きなどでは「送り状」とも呼ばれる。**bill** が類語。
843	**installment** [instɔ́:lmənt] 名 分割払い (の1回分)	⦿ **pay by installments** で「分割払いで支払う」。**one lump-sum payment**（一括払い）も覚えよう。
844	**inventory** [ínvəntɔ̀:ri] 名 在庫	⦿「在庫品リスト」が原義。経理では日本語の「棚卸資産」に当たる。 ● **inventory control**（在庫管理）
845	**storage** [stɔ́:ridʒ] 名 保管；収納	⦿ 動詞 **store**（保管する）の名詞形。 ● **a storage room**（収納室）
846	**warehouse** [wéərhàus] 名 倉庫	⦿ **ware**（製品）+ **house**（家）= **warehouse**（倉庫）。**storehouse**、**depot** が類語。
847	**courier** [kɔ́:riər] 名 宅配便 [業者]	⦿ 仕事の物品を配送する場面で出る。**by courier** で「宅配便で」。動詞 **deliver** とよく一緒に使われる。
848	**crate** [kréit] 名 運送用の箱；枠箱	⦿ 運送に使う木箱やプラスチック製の箱。**container**（コンテナ）、**carton**（運送用ケース）、**cardboard box**（段ボール箱）も覚えておこう。Part 1 注意。

▼センテンスで覚えよう！

I'll call you tomorrow with an estimate of the photocopier repair cost.
コピー機修理費用のお見積もりの件で、明日お電話いたします。

The April 16 invoice is for goods that arrived on April 12. (頻出)
4月16日付の請求書は、4月12日に到着した商品のものです。

This furniture can be purchased with monthly installments of only €30.
この家具は毎月わずか30ユーロの分割払いでご購入いただけます。

We'd better increase our inventory of paper, because we're almost out.
切れかけているので、用紙の在庫を増やしておいたほうがいい。

Please put all of these office supplies in storage.
これら事務用品は全部、保管しておいてください。

The warehouse is full of stored products ready to be shipped.
倉庫は保管された製品でいっぱいだが、それらは発送準備が整っている。

Our couriers can deliver packages within the city in two hours.
私どもの宅配員は市内なら2時間で荷物をお届けできます。

The crates were loaded onto the trucks outside the loading dock.
配送センターの外のトラックに枠箱が積み込まれた。

DAY 17 ビジネス・生活① 600点レベル

▼ココに注目！

849	**found** [fáund] 他 設立する；創設する	会社や団体を「設立する」という意味で、会社の紹介文でよく使う。**establish** が類語。 派 **founder** 名 設立者；創設者
850	**enterprise** [éntərpràiz] 名 事業；プロジェクト；会社	a joint enterprise (合弁事業) a multinational enterprise (多国籍企業)
851	**representative** [rèprizéntətiv] 名 担当者；代表者	動詞 represent (代理をする) の名詞形。「代表者」とともに業務の「担当者」の意味でも使う。
852	**janitor** [dʒǽnətər] 名 清掃係；用務員	「清掃など、建物・オフィスの維持管理の仕事をする人」を指す。 関 **caretaker** (管理人) **custodian** (管理人；守衛)
853	**mechanic** [mikǽnik] 名 機械工；修理工	「機械類を修理・整備する技能者」を指す。 a car mechanic (自動車修理工)
854	**plumber** [plʌ́mər] 名 配管工；水道工事業者	「水道設備などの設置・保守管理をする人」を指す。設備が壊れて修理を依頼する場面で出る。
855	**receptionist** [risépʃənist] 名 受付係	「受付で客を迎える (receive) 人」を指す。「受付」は **front desk** と言う。
856	**assignment** [əsáinmənt] 名 業務；割り当て	動詞 assign (割り当てる) の名詞形で、「割り当てられた業務」を指す。学校では「宿題」の意味。

▼センテンスで覚えよう！

She founded the company 10 years ago with only 16 people. (頻出)
彼女は10年前にわずか16人の人員で会社を設立した。

The annual boat show is the largest enterprise of the province.
年1回のボートショーは、その州の最大のプロジェクトだ。

Please speak to any of our representatives in the convention booth. (頻出)
コンベンション・ブースの当社の担当者のだれにでもお話しください。

The janitors have been trained to polish surfaces until they shine.
清掃係は、表面が輝くまで磨き込むよう訓練されている。

How long have you been a tractor mechanic?
どれくらい長くトラクターの修理工をしているのですか。

Being a plumber, he's skilled at clearing clogged pipes.
配管工として、彼は詰まった配管の掃除に習熟している。

She works as a receptionist, directing all incoming company calls.
彼女は受付係として働いていて、かかってくる会社の電話をすべて取り仕切る。

This assignment requires advanced software skills.
この業務には高度なソフトウエアの技能が求められる。

DAY 17　ビジネス・生活① 　600点レベル

▼ココに注目！

857	**chore** [tʃɔ́ːr] 名 雑務；決まった仕事	household chores（家事）
858	**outsource** [áutsɔ̀ːrs] 他 自 外部委託［調達］する	out-（外部に）+ source（委託する）= outsource（外部委託［調達］する） outsource jobs（仕事を外部に委託する）
859	**subordinate** [səbɔ́ːrdinət] 名 部下	sub- は「下に」の意味の接頭辞。「上司」は superior や boss を使う。
860	**subsidiary** [səbsídièri] 名 子会社	a parent company（親会社） a holding company（持ち株会社）
861	**merchandise** [mə́ːrtʃəndàis | -z] 名 商品　他 販売促進する	集合的に「商品」を指す。Part 1 で商品を総称的に表すことがあるので注意。goods が類語。
862	**outlet** [áutlèt] 名 小売店；アウトレット店；コンセント；排水［気］口	多義語だが、ビジネスでは「小売店」の意味でよく使う。Part 1 で「コンセント」「排水［気］口」で出る可能性がある。
863	**patronage** [péitrənidʒ] 名 愛顧；ひいき	Thank you for your patronage.（ご愛顧をありがとうございます）は、顧客に感謝する決まり文句。
864	**prototype** [próutoutàip] 名 試作品	proto-（初期の）+ type（型）= prototype（試作品）。 the first prototype（最初の試作品）

▼センテンスで覚えよう！

The interns do basic office chores, such as filing documents.
インターンは、書類整理などの基本的なオフィスの雑務を行う。

Should we outsource our logistics department in order to cut expenses?
経費を削減するために、我々は物流部門を外部委託するべきだろうか。

How many subordinates work under you?
あなたの下で何人の部下が働いていますか。

The company gets significant revenue from its fully-owned subsidiaries.
その会社は、完全保有の子会社から相当な収入を得ている。

This sporting goods merchandise is only available in our store.
このスポーツ用品は当店でのみご購入いただけます。

Our outlet sells a variety of items at low prices.
当店はさまざまな商品を格安で販売しています。

We rely on the patronage of visitors to keep our gallery successful. (頻出)
当ギャラリーが成功し続けるには、お客様のご愛顧が頼りです。

This is only a smartwatch prototype, which may be changed later.
これはスマートウォッチのまだ試作品で、後で改変されるかもしれません。

DAY 17　ビジネス・生活①　600点レベル

▼ココに注目！

865 component
[kəmpóunənt]

名 部品；成分

- electronic components (電子部品)

866 specification
[spèsəfikéiʃən]

名 仕様；明細 (書)

- 動詞 specify (具体的に述べる) の名詞形。
- a job specification (職務明細書)

867 procurement
[prəkjúərmənt]

名 調達；入手

- 動詞 procure (調達する) の名詞形。ビジネスのフォーマルな語。

868 gadget [gǽdʒit]

名 (便利な) 小型機器

- スマートフォンや携帯音楽プレイヤーなどの「小型の電子機器」を指す。
- a nifty gadget (気の利いた小型機器)

869 pharmaceutical
[fɑ̀ːrməsúːtikəl]

形 医薬品の　名 製薬会社

- 複数名詞の pharmaceuticals でも「製薬会社」を表す。
- 派 pharmacy 名 薬局；薬学

870 patent [pǽtnt]

名 特許 (権)

- obtain a patent (特許を取得する)
- patent royalty (特許権使用料)

871 reimburse [rìːimbə́ːrs]

他 払い戻す；返済する

- 会社で立て替えた経費を出金してもらう、店に商品を戻して返金してもらう場面で使う。refund と言い換え可能。
- get reimbursed (返金してもらう)

872 audit [ɔ́ːdit]

他 監査する；会計検査をする
名 監査；会計検査

- 「会計記録を検査する」という意味だが、広く「体系的な検査をする」のに使える。
- 派 auditor 名 会計検査官；監査役

▼センテンスで覚えよう！

Do not handle or adjust any components in this machine.

この機械の中のいかなる部品もいじったり、調整したりしないでください。

We'd like to clarify some of your design specifications.

あなたの設計の仕様をいくつか明確にしたいと思います。

We're careful with the procurement of supplies, always looking for low prices.

私たちは物品の調達に慎重で、いつも低価格のものを探す。

Please feel free to try out the gadgets in our shop.

当店にある小型機器をご自由にお試しください。

He works for a pharmaceutical firm, researching advanced medicines.

彼は製薬会社で働いていて、先端の医薬品の研究をしている。

She is in charge of legally protecting the patents of her firm.

彼女は会社の特許を法的に保護する仕事を担当している。

We will reimburse you for any personal expenses from your business trip. (頻出)

我々は出張にかかった個人の経費をすべて払い戻します。

The firm will audit its finance, operations, and sales departments this quarter.

その会社は今四半期に、財務・業務・営業部門の監査をする。

DAY 17　ビジネス・生活①　600点レベル

▼ココに注目！

#	見出し語	解説
873	**bankrupt** [bǽŋkrʌpt] 形 破産した；倒産した	⦿ **go bankrupt**（経営破綻する）も覚えよう。**insolvent** や **collapsed** が類語。 派 **bankruptcy** 名 破産；倒産
874	**merger** [mə́ːrdʒər] 名 (会社の) 合併	⦿ 動詞 **merge**（合併する）の名詞形。M&A は **mergers and acquisitions**（合併吸収）の略記。
875	**statistic** [stətístik] 名 (通例、複数) 統計数字	⦿ 原意は「統計数字」だが、さまざまな「数字データ」の意味で広く使う。 例 **sales statistics**（売り上げ数字）
876	**term** [tə́ːrm] 名 条件；任期；専門用語	⦿ 多義語だが、複数形で「条件」の意味でよく出る。 例 **the second term**（2期目の任期） **technical terms**（技術用語）
877	**warranty** [wɔ́ːrənti] 名 保証 (書)	⦿ 動詞 **warrant**（保証する）の名詞形。**under warranty** で「保証期間中で」。
878	**transaction** [trænzǽkʃən] 名 取引；処理	⦿ 動詞 **transact**（取引する）の名詞形。**deal** が類語。 例 **a bank transaction**（銀行取引） **an online transaction**（ネット取引）
879	**bid** [bíd] 名 入札　自 入札する	⦿ 公共事業などの公募に参加すること。 例 **make [place, tender] a bid**（入札に参加する）
880	**mortgage** [mɔ́ːrgidʒ] 名 住宅ローン；担保	⦿ 原意は「担保」で、「購入した住宅を担保にして組むローン」を指す。**mortgage loan** とも言う。

▼センテンスで覚えよう！

After running out of money for its debts, the city became bankrupt.
負債に充てる資金が枯渇したので、その市は破産した。

It's unclear whether the two firms will actually join in a merger.
2社が実際に合併するかどうかははっきりしない。

These operations statistics include data from the past three quarters.
これらの営業数字は、過去3四半期のデータを含んでいる。

These contract terms may not be changed without the signatories' written consent. (頻出)
これら契約書の条件は、署名者の書面の同意なしには変更できません。

This warranty only covers internal electronic systems and software. (頻出)
この保証書は、内蔵の電子システムとソフトのみを対象とします。

Does this desk do currency exchange transactions?
この窓口は為替取引を扱っていますか。

The firm made a very competitive bid for the construction project.
その会社はその建設プロジェクトにきわめて競争力のある入札を行った。

The bank is willing to extend a $700,000 mortgage for this home.
その銀行は、この家に70万ドルの住宅ローンを提供してくれる。

DAY 18 ビジネス・生活② 600点レベル

▼ココに注目！

881	**convene** [kənvíːn] 他 (会議などを) 開催する；招集する	反意語の **adjourn** ([会議を] 中断する；休会にする) とセットで覚えよう。 **convene a meeting** (会議を開催する)
882	**minutes** [mínəts] 名 (複数で) 議事録	会議の「議事録」を指す。**proceedings** が類語。 **take the minutes** (議事録を取る)
883	**attire** [ətáiər] 名 服装	パーティーや冠婚葬祭などのための「特別な服装」を指す。 **holiday attire** (晴れ着)
884	**banquet** [bǽŋkwit] 名 宴会；祝宴	スピーチや乾杯が行われる「公式の宴会」を指す。 **an awards banquet** (受賞の晩餐会)
885	**proofread** [prúːfrìːd] 自 他 校正する	**proofread a draft** (草稿を校正する) 派 **proofreading** 名 校正
886	**manuscript** [mǽnjəskript] 名 原稿	**manu-** (手で) + **script** (書かれたもの) = **manuscript** (原稿)。ただし、今はデジタルデータのものも **manuscript** と呼ぶ。
887	**periodical** [pìəriádikəl] 名 定期刊行物；雑誌 形 定期的な	**weekly** (週刊)、**monthly** (月刊)、**quarterly** (季刊) などの定期刊行物を指す。ただし、一般的に **daily** (日刊) のものは含まない。
888	**refreshment** [rifréʃmənt] 名 (通例、複数) 軽い飲食物	動詞 **refresh** (爽快にする) の名詞形で、気分転換をはかる「軽い飲食物」を指す。**light refreshments** とも言う。

▼センテンスで覚えよう！

Shouldn't we convene the quality control committee next week? 頻出
来週にも品質管理委員会を開催すべきではないでしょうか。

My personal assistant will take the minutes of our conference. 頻出
私の個人アシスタントが我々の会議の議事録を取ります。

Formal party attire is required, so please wear a suit and tie.
公式のパーティーの服装が求められるので、スーツとネクタイを着用してください。

The hotel banquet will feature European, South American and Asian dishes.
そのホテルの宴会は、ヨーロッパ、南アメリカ、アジアの料理を提供する。

After finishing your article draft, send it to Tom to proofread.
記事の下書きを終えたら、それをトムに送って校正してもらってください。

Please print out the manuscript so that I can read it.
私が読めるように、その原稿をプリントアウトしてください。

She often reads science periodicals in her free time.
彼女は空いた時間にはよく科学雑誌を読む。

Refreshments of cheese, tea and coffee are available in the lobby. 頻出
ロビーでは、チーズや紅茶、コーヒーの軽い飲食物がご利用できます。

249

DAY 18　ビジネス・生活②　600点レベル

▼ココに注目！

889	**credential** [krədénʃəl] 名 能力の証明となるもの；実績；証明書	⚠️ 免状、実績、職歴など「その業務に必要な能力の証明になるもの」を指す。 🔲 academic credentials (学歴)
890	**pave** [péiv] 他 (道路を) 舗装する	⚠️ 名詞の pavement は米国では「車道」だが、英国では「歩道」を指す。 ✏️ pave the way for A (Aへの道を切り開く)
891	**itinerary** [aitínərèri] 名 旅程表；スケジュール	😊「旅行計画(travel plan)」だけでなく、会議などの「スケジュール」の意味でも使う。a conference itinerary (会議スケジュール)
892	**excursion** [ikskə́ːrʒən] 名 遠足；小旅行	⚠️「レジャーで参加する小旅行」を指す。outing が類語。
893	**landmark** [lǽndmàːrk] 名 名所；目印	⚠️ 道案内のときの「目印」の意味もある。形容詞的に使う a landmark decision (画期的な決定) の用法にも注意。
894	**beverage** [bévəridʒ] 名 飲み物	⚠️「水以外の飲み物」を指す。 🔲 complimentary beverages (無料サービスの飲み物)
895	**cuisine** [kwizíːn] 名 (特定の地域や店の) 料理	⚠️ フランス語より。発音注意。dishes が類語。
896	**ingredient** [ingríːdiənt] 名 材料；要素	🔲 organic ingredients (有機栽培の素材) key ingredients for success (成功の重要な要素)

▼センテンスで覚えよう！

He has impressive credentials in chemical engineering.
彼は化学工学で立派な実績をもっている。

The state is preparing to pave many of its remote dirt roads.
その州は、地方の未舗装道路の多くを舗装しようとしている。

What's on our business trip itinerary? (頻出)
私たちの出張の旅程表はどんな内容ですか。

We hope you've enjoyed this seaside excursion.
この海岸小旅行を楽しんでいただけたものと思います。

This tower has been a village landmark for over 300 years.
この塔は300年以上にもわたって村の名所になっています。

The stadium serves a variety of cold beverages to all event guests.
スタジアムは、イベントの来場者全員にさまざまな冷たい飲み物を提供します。

This restaurant specializes in Pakistani cuisine.
このレストランはパキスタン料理を専門にしています。

Most of these cereal ingredients are natural.
これらのシリアルの材料はほとんどが自然のものです。

DAY 18 ビジネス・生活② 600点レベル

▼ココに注目！

897 personal belongings
身の回り品；所持品

① belonging は動詞 belong (属する) の動名詞。belongings 単独でも同じ意味で使う。また、この意味では複数。

898 inclement [inklémənt]
形 悪天候の；荒れ模様の

⚠ 飛行機の遅れのシーンでよく出る。Part 3, 4 注意。
● inclement weather (悪天候)

899 meteorologist [mì:tiərálədʒist]
名 気象予報士；気象学者

① weather forecaster と同じ意味で使う。
派 meteorology 名 気象(学)

900 precipitation [prisìpitéiʃən]
名 降水［雨］

① 動詞 precipitate ([雨・雪などが]降る) の名詞形。
● chance of precipitation (降水確率)

901 spectator [spéktèitər]
名 観衆；観客

①「見る人々」が原意。「聞く人々→聴衆」は audience である。Part 1 注意。
● a spectator sport (観戦スポーツ)

902 jam [dʒǽm]
名 渋滞；詰まること
自 群がる；動かなくなる

● a traffic jam (交通渋滞)
a paper jam (紙詰まり)

903 pedestrian [pədéstriən]
名 歩行者　形 歩行者の

① Part 1 で頻出。walker が類語。passerby (通行人) も覚えておこう。
● a pedestrian crossing (横断歩道)

904 auditorium [ɔ̀:ditɔ́:riəm]
名 公会堂；講堂；ホール

● a city auditorium (市民公会堂)

▼センテンスで覚えよう！

Please store all of your personal belongings in our gym lockers.
お客様の所持品はすべて当ジムのロッカーに保管してください。

The weather became inclement, with heavy rains during the afternoon.
天気は悪化して、午後には豪雨になった。

He's a weather meteorologist at a local TV station.
彼は地元テレビ局の気象予報士だ。

We expect precipitation in the form of rain storms this evening.
今夜は降雨が予想されていて、暴風雨になりそうです。

Thousands of spectators watched the professional basketball game.
何千人もの観客がプロバスケットボールの試合を観戦した。

(頻出)

Sorry, we were caught in a rush-hour jam.
すみません、私たちはラッシュ時の渋滞に捕まってしまいました。

Cars and trucks must yield to pedestrians on this road.
乗用車とトラックは、この道路では歩行者に道を譲らなければならない。

The university auditorium is large enough to hold up to 4,000 students.
大学の講堂は、学生を4千人まで収容できる広さがある。

DAY 18　ビジネス・生活② 　600点レベル

▼ココに注目！

905	**usher** [ʌ́ʃər] 名 (劇場などの) 案内係 他 案内する	ⓘ 劇場や競技場などで「観客を案内する人」を指す。
906	**stack** [stǽk] 他 積み上げる　名 積み重ね	🔄 pile が類語。pile は単に「重ねる」の意味だが、stack には「整理して積み重ねる」のニュアンスがある。どちらも Part 1 頻出。
907	**stationery** [stéiʃənèri] 名 文房具；便せん	ⓘ ボールペン (ball-point pen) や消しゴム (eraser)、ハサミ (scissors) などの総称。 ● office stationery (オフィス用文房具)
908	**sweep** [swíːp] 他 掃除する；(ほうきなどで) 掃く	🔄 clean (掃除する)、mop (モップで拭く)、wipe (拭く)、polish (磨く)、vacuum (掃除機をかける) も覚えよう。どれも Part 1 注意。
909	**waste** [wéist] 名 廃棄物；ごみ；浪費	● industrial waste (工業廃棄物) a waste of time (時間の無駄)
910	**utility** [juːtíləti] 名 (通例、複数) 公共料金；公益設備	ⓘ 複数で、電気・ガス・水道などの「公共料金」または「公益設備」を指す。 派 utilize 他 利用する
911	**detergent** [ditə́ːrdʒənt] 名 洗剤	ⓘ 「柔軟剤」は softener。 ● laundry detergent (洗濯用洗剤)
912	**laundry** [lɔ́ːndri] 名 洗濯物；洗濯；クリーニング屋	● a laundry basket (洗濯物かご) do (the) laundry (洗濯をする)

▼センテンスで覚えよう!

Ceremony ushers will guide guests to their seats.
セレモニーの案内係が来賓を席に案内します。

(頻出)

Should I stack all of these boxes in the corner?
これらの箱を全部、隅に積み上げましょうか。

We'd better order more stationery, especially pens and paper.
私たちは文房具を、特にペンと用紙を注文したほうがいい。

(頻出)

I'll sweep the kitchen after you're done cooking.
君が料理を終えた後で、キッチンを掃除するよ。

Just toss that rotten food into the waste.
その悪くなった食べ物はごみの中に捨ててしまって。

Heat and electricity are their most expensive utilities.
光熱費が彼らの最も高くつく公共料金だ。

One cup of this detergent gets an entire load of clothing clean.
この洗剤1カップで、貯まった洗濯物全部をきれいにできます。

You'll see that this washing machine holds quite a bit of laundry.
この洗濯機がかなりの量の洗濯物を扱えることがわかるでしょう。

DAY 18　ビジネス・生活② 　600点レベル

▼ココに注目！

---

913 fabric [fǽbrik]

名 繊維；布地

- waterproof fabrics（防水繊維）
- 派 fabricate 他 組み立てて作る；でっち上げる

---

914 scholarship [skάlərʃip]

名 奨学金

- scholar は「奨学生」の意味。

---

915 tuition [tjuːíʃən]

名 授業料；指導

- tuition and fees（授業料と諸経費）
- private tuition（個人指導）

---

916 enroll [inróul]

自 登録する；入学する

- enroll in [at] a class（授業に登録する）のように自動詞で使い、前置詞 in や at で目的語を導く。

---

917 browse [bráuz]

自 他 (商品などを) 見て回る；閲覧する

- ネットの「ブラウズ」のイメージが強いが、「(商品などを)見て回る」「(新聞などに)目を通す」の意味でもよく使う。

---

918 masterpiece [mǽstərpiːs]

名 傑作

- master（大家）+ piece（作品）= masterpiece（傑作）。tour de force が類語。

---

919 residence [rézidəns]

名 住宅；居住

- 動詞 reside（居住する）の名詞形。Part 5 の品詞識別問題で注意。
- 派 residential 形 住宅の；居住の
- resident 名 居住者

---

920 symptom [símptəm]

名 症状；兆候

- 病気などの「症状」や、望ましくない物事が起こる「兆候」を指す。sign, indication が類語。

▼センテンスで覚えよう！

This fabric is a cotton-polyester blend.
この布地はコットンとポリエステルの混紡です。

He won a scholarship to an elite graduate school.
彼はエリート大学院の奨学金を取得した。

Is tuition cheaper at your university?
あなたの大学の授業料はもっと安いですか。

(頻出)

He'll enroll in law school in August.
彼は8月に法科大学院に入学する。

(頻出)

Please feel free to browse our clothing collection.
当店の衣料品のコレクションをご自由に見て回ってください。

He painted several masterpieces over his lifetime.
彼はその生涯に数点の傑作を描いた。

This is his main residence, although he owns three other homes.
彼は他に3軒の家を所有しているが、ここが主要な住居である。

She has a lot of cold symptoms, such as sneezing and coughing.
彼女は、くしゃみや咳といった風邪の多くの症状が出ている。

DAY 19　イディオム①　600点レベル

▼ココに注目！

921	**a host of**　数多くの〜	ⓘ host は「多くの人・物」を指す。hosts of も同意で使う。
922	**a range of**　さまざまな〜；広範囲の〜	ⓘ range は「範囲；領域」の意味。a wide [broad] range of のように、range の前に形容詞を添えることもある。
923	**ahead of**　〜より早く；（時間・空間的に）〜の前に	ⓘ ahead は副詞で「先に；前方に」の意味。**three weeks ahead**（3週間早く） 反 **behind** 副 〜より遅れて；〜の背後に
924	**apart from**　〜はともかく；〜を除いて；〜から離れて	ⓘ apart は副詞で「離れて；隔たって」の意味。 類 **aside from**（〜はともかく；〜は別にして）
925	**around the clock**　24時間通しで；一日中	ⓘ around the clock で「時計一回り」→「一日中」の意味。**24-7**（1日24時間×7日間→年中無休で）も覚えよう。 類 **day and night** 夜も昼も；一日中
926	**as a matter of fact**　実のところ	ⓘ つなぎ言葉としては、前文を補足・確認したり、訂正したりするのに使う。matter は「事；問題」の意味。
927	**as a whole**　全体として	ⓘ 主に名詞の後に使う。**on the whole**（全体として；概して）は文全体を修飾する。whole は「全体」の意味。
928	**as of**　〜付で；〜時点で	ⓘ 日時を明示するのに使う。 例 **as of today**（今日の時点では） **as of this moment**（現時点では）

▼センテンスで覚えよう！

Unfortunately, the company had a host of manufacturing problems.
残念なことだが、その会社は製造工程の問題を数多く抱えていた。

We offer a range of high-quality appliances at low prices.
私どもは、さまざまな品質の高い家電製品を格安に提供しています。

Please register for the expo at least eight weeks ahead of time.
博覧会には少なくとも8週間前にご登録ください。

Apart from the CEO, 10 company executives are attending the meeting.
CEOを除いて、会社の経営陣10人が会議に出席する予定だ。

This home security system provides protection around the clock.
この家庭用防犯システムは24時間、監視する。

As a matter of fact, he's not junior staff, but a manager.
実のところ、彼は一般社員ではなく、マネジャーだ。

Despite the recent increase, sales as a whole are falling.
売り上げは、最近は増加しているが、全体としては下降線だ。

As of September 8, she will be working at the headquarters. (頻出)
9月8日付で、彼女は本社勤務となる。

DAY 19　イディオム①　600点レベル

▼ココに注目！

No.	イディオム	注目ポイント
929	**at hand** （時間・空間的に）すぐそこに・近くに	hand を使った表現は他に、**first hand**（直接に）、**hands-on**（実地での）、**give a hand**（手助けする）を覚えておこう。
930	**at one's convenience** 都合のいいように	アポを取るときなど、相手の都合を考慮する場面で使う。 **at one's earliest convenience**（都合がつき次第できるだけ早く）
931	**at the moment** 今のところ	moment は「瞬間」の意味。**in a moment** で「すぐに」、**for a moment** で「一瞬の間」。
932	**by way of** 〜を経由して	via も同様に使える。
933	**every other** 1つおきの；他のすべての	「他の全ての」の意味で使うこともあるので注意。**every other shop**（他のすべての店）
934	**for the time being** 当分の間；さしあたりは	**for now** や **for [in] the meantime** が類語。
935	**in a row** 連続して；一列になって	事象が起こることが「連続して」、人・物が「一列になって」の2つ意味で使う。 **stand in a row**（並んで立つ）
936	**in connection with** 〜に関連して	connection は「関連」の意味。 **in this connection**（これに関連して）

▼センテンスで覚えよう！

You can use the tools at hand to fix this machine.
お手元の道具を使って、この機械を修理することができます。

(頻出)

Feel free to call at your convenience.
ご都合のいいときに、遠慮なくお電話ください。

(頻出)

I'm sorry, but he's out of the office at the moment.
すみませんが、彼は今、外出しております。

She flew to Cape Town by way of Dubai.
彼女はドバイ経由でケープタウンに飛んだ。

She usually works every other weekend.
彼女はふつう、隔週で週末に働いている。

It's old, but we can use this computer for the time being.
このコンピュータは古いが、当分の間は使える。

(頻出)

He won the professional car race three years in a row.
彼は3年連続で、プロ自動車レースに優勝した。

(頻出)

I'm writing in connection with the product complaints you made.
お客様の製品へのクレームに関連して、書いております。

DAY 19　イディオム①　600点レベル

▼ココに注目！

937	**in contrast to** 〜と対照的に	contrast は「対照；対比」の意味。to なしで、in contrast で使えば「(前文の内容と) 対照的に」という意味のつなぎ言葉になる。
938	**in effect** 事実上は；(法律などが) 発効して	「発効して」の例は、The law is in effect.（その法律は発効している）。
939	**in general** 一般的に；たいていは	general は名詞で「一般；概要」の意味。as a rule が類語。
940	**in good shape** 体調がいい；(会社などが) 健全な状態で	反 in bad shape (体調が悪い；悪い状態で)
941	**in honor of** 〜に敬意を表して；〜を祝して	of に続くのは「人」や「出来事」。「人」が代名詞の場合には in one's honor とする。
942	**in light of** 〜を考慮して	名詞 light には「観点；見方」の意味がある。
943	**in place of** 〜の代わりに	in place だと「(物事が) 行われて」「(規則などが) 施行されて」の意味。
944	**in search of** 〜を探して；〜を求めて	名詞 search は「探求；研究」の意味。in pursuit of が類語。

▼センテンスで覚えよう!

In contrast to last year, this summer is extremely hot.
去年と対照的に、今年の夏は異常に暑い。

With a 65% market share, the firm is, **in effect**, dominant.
その会社は65%の市場占有率をもっていて、事実上支配的地位にある。

In general, the hotel has few open rooms during the peak season.
一般的に、そのホテルはピーク時期には空き室はほとんどない。

The company is **in good shape**, having large cash reserves.
その会社は多額の現金を保有していて、健全な状態だ。

In honor of New Year's Day, the company will be closed tomorrow.
新年を祝って、会社は明日休業する。

In light of technology trends, the company will upgrade its Web site.
技術のトレンドを考慮して、その会社はウェブサイトを刷新するだろう。

He will attend the conference **in place of** his department manager.
彼は部長に代わって、その会議に出席する。

Our firm is always **in search of** talented product developers.
当社はいつも有能な製品開発者を探しています。

DAY 19　イディオム①　600点レベル

▼ココに注目！

945	**in terms of**　〜の点では	論点や話題を明確にするのに使う。Part 5 注意。
946	**in the long run**　長い目で見れば；長期的には	反 **in the short run**（短い目で見れば；短期的には）
947	**in the meantime**　その間に；そうこうしているうちに	**meanwhile** が同様の意味。どちらもつなぎ言葉として使える。Part 6 注意。
948	**in turn**　順番に；今度は	**turn** には「順番」の意味がある。**Now it's your turn.**（あなたの番ですよ）
949	**on account of**　〜が理由で；〜のために	**because of** が類語。
950	**on the contrary**　それどころか；むしろ	前文への反対意見を示すのに使う。**contrary** は「逆；正反対」の意味。Part 6 注意。
951	**once in a while**　ときどき	**from time to time**、**now and then**、**at times** などが類語。
952	**one after another**　次々に	出来事が起こるのが「次々と」の意味で使う。**one another** は「お互いに」の意味なので、区別しよう。

▼センテンスで覚えよう！

In terms of low property prices, that city is very attractive. 頻出

不動産価格が安いという点で、その市は非常に魅力的だ。

Although we're new, we'll gain customer loyalty **in the long run**.

我々は新規参入だが、長い目で見れば顧客の信頼を勝ち得るだろう。

We'll have a new supervisor soon. **In the meantime**, she's in charge.

新しい上司がまもなく来る。その間は彼女が任に当たる。

Please renew your subscription. **In turn**, you're guaranteed a low rate.

定期購読の更新をお願いいたします。今度は割引価格が保証されています。

Production was delayed **on account of** supplies arriving late.

供給部材の到着が遅くなったために、生産が遅れた。

Is he a bold manager? **On the contrary**, he is too cautious.

彼は大胆な経営者だろうか。むしろ、慎重でありすぎる。

She enjoys going to the opera **once in a while**.

彼女はときどきオペラに出かけることを楽しみにしている。

One after another, the senior architects won prestigious awards.

上級建築士が次々と権威ある賞を獲得した。

DAY 19 イディオム① 600点レベル

▼ココに注目!

953	**prior to** 〜より前に	前置詞 to との結びつきに注意。 ⊗**subsequently to**(〜に続いて)
954	**provided that** 〜という条件で	that(省略可)以下に条件の内容を続ける。また、**providing (that)** とする場合もある。
955	**quite a few** かなり多くの〜	数えられる名詞を続ける。数が多いことを表す。数えられない名詞を続ける場合は **quite a little** を使う。
956	**regardless of** 〜にもかかわらず	**irrespective of**、**without regard to** が類語。**regardless** 単独では「それにもかかわらず」という意味の文修飾の副詞。
957	**to some extent** ある程度まで	**to a great extent** で「大いに」。**to the extent that** を使えば、that 以下で具体的な程度を説明できる。
958	**to the point** 的を射た;核心の	**get right to the point** で「核心に入る;単刀直入に言う」という会議などでの決まり文句。
959	**when it comes to** 〜については;〜の話になると	話題を明示するのに使う。**to** 以下は名詞または動名詞。
960	**with regard to** 〜に関して	**in regard to** も同意。**regard** は「配慮;考慮」の意味。**regarding** も同様の意味で使える。

▼センテンスで覚えよう！

頻出

Prior to living in a city, he lived in a rural area.
彼は、都市で生活する前には田園地帯に住んでいた。

頻出

We may move forward with the strategy, **provided that** it's profitable.
その戦略が利益をもたらすなら、それを進行すればいいだろう。

Quite a few tech experts have praised this new laptop.
ハイテクの専門家のかなり多くがこの新しいラップトップを賞賛している。

Regardless of difficulties, she led her department to success.
困難があったにもかかわらず、彼女は自分の部を成功に導いた。

To some extent, our company depends on a favorable dollar/yen rate.
ある程度まで、我が社は好ましいドル円レートに依存している。

I'll get right **to the point**: should we approve this project?
核心に入りましょう。我々はこのプロジェクトを承認すべきだろうか。

When it comes to economic forecasts, readers trust our magazine.
景気予測については、読者は我々の雑誌を信頼している。

With regard to animation, our company produces the very best.
アニメに関しては、当社は最良のものを制作している。

DAY 20　イディオム②　600点レベル

▼ココに注目！

961	**adhere to**　〜に従う；〜に固執する；〜にくっつく	法律や規則に「従う」、考えなどに「固執する」、物が物に物理的に「くっつく」という意味で使う。
962	**be entitled to**　〜の資格[権利]がある	有給休暇など、社員が受ける特典を表すのによく使う。to の後は名詞でも動詞原形でも可。
963	**be obliged to** *do*　〜を義務づけられている；〜しなければならない	動詞 oblige は「義務づける」の意味。**be required to**、**be forced to**、**be compelled to** も義務を表す。
964	**come up with**　〜を考え出す	アイデアや企画などを「考え出す；考案する」という意味で使う。
965	**comply with**　〜（法律・規則）に従う	名詞の **compliance** は「コンプライアンス」と日本語化している。**in compliance with** で「〜に従って」。
966	**do away with**　〜を廃止する；〜を処分する	規則や制度などを「廃止する」、物を「廃棄する」という意味で使う。
967	**draw up**　〜を作成する；〜を立案する	文書などを「作成する」、計画などを「立案する」という意味で使う。自動詞で「車を止める」の意味もある。
968	**drop in on**　〜を訪ねる	「ふらりと訪ねる」「ちょっと立ち寄る」というニュアンス。on の後は人が続く。場所を「訪ねる」ときには **drop in at** とする。

▼センテンスで覚えよう！

The company adheres to all environmental laws.
会社はすべての環境法規に従っている。

(頻出)

Users of this coupon are entitled to 15% off any item.
このクーポンの使用者は、どの製品にも15％の割引を受けられる。

We're obliged to inform employees of our company policies.
我々は社員に会社の方針を知らせなければならない。

(頻出)

She came up with a lot of great marketing ideas.
彼女は、すばらしいマーケティングのアイデアをたくさん考え出した。

(頻出)

Please comply with all passenger safety rules while on board.
搭乗中はすべての乗客安全規則に従ってください。

Let's do away with some of these old desks.
これらの古い机のいくつかを処分しましょう。

We're still drawing up our expansion plans.
我々は拡大計画をまだ作成しているところだ。

She dropped in on a few customers in Prague last week.
彼女は先週、プラハにいる数人の顧客を訪ねた。

DAY 20　イディオム② 　600点レベル

▼ココに注目！

969	**end up ~ing** 結局～になる	⚠「予期しない結果・不本意な結果になる」というニュアンスがある。
970	**figure out** ～がわかる；～を解決する	⚠「～がわかる」という意味では figure out に that 節や疑問詞節が続くことが多い。
971	**get in touch with** ～と連絡を取る	⚠ keep in touch with なら「～と連絡を保つ」。
972	**have nothing to do with** ～と関係がない	反 have something to do with (～と関係がある)
973	**have yet to** *do* まだ～していない；これから～する必要がある	⚠ have to に yet を挿入した表現。「しなければならないことをまだしていない→これからしなければならない」というニュアンス。
974	**keep track of** ～の経過を追う；～を追跡する	⚠ track は「道；足跡」。on the fast track で「出世街道に乗って；迅速に処理されて」。 反 lose track of (～の経過を見失う)
975	**look after** ～の世話をする；～に気を配る	⚠ take care of や care for が類語。
976	**look into** ～を調べる	⚠ investigate、inquire into が類語。

▼センテンスで覚えよう！

He ended up voting for the winning mayoral candidate.
彼は結果的に、勝利する市長候補に投票した。

Have you figured out who will be our next finance director?
だれが我が社の次の財務部長になるかわかりますか。

Please get in touch with me by either phone or e-mail.
電話かメールかで私に連絡を取ってください。

The firm had nothing to do with overseas markets.
その会社は海外市場とは関係がなかった。

She has yet to fail at any of her assignments.
彼女は自分のどんな仕事でもまだ失敗をしていない。

This software will keep track of company inventory.
このソフトが会社の在庫を追跡管理することになる。

Please look after my plants while I'm away.
留守にする間、私の植物の世話をしてください。

I'll look into whether our company has openings right now.
我が社に空きポストがあるかどうかすぐに調べます。

DAY 20　イディオム② 600点レベル

▼ココに注目！

#	見出し	解説
977	**make a difference** 違いをもたらす；役に立つ	ⓘ「違いをもたらす」→「役に立つ；重要である」という意味。
978	**make it** 間に合う；成功する；都合がつく	ⓘ目的語を続けるには前置詞 to, in などを使う。**make it to the train**（電車に間に合う）、**make it in the venture**（その事業で成功する）
979	**make up for** ～を埋め合わせる	ⓘ同意の **compensate for** も一緒に覚えよう。
980	**mark down** ～を値下げする	反 **mark up**（～を値上げする）
981	**pass away** 亡くなる	ⓘ **die**（死ぬ）の婉曲的な表現。**expire** も「亡くなる」の意味で使うことがある。
982	**plug in** ～を電源につなぐ	ⓘ **in** の後ろに電気器具を続ける。**plug** を他動詞として **plug A into B**（Aを Bにつなぐ）の形でも使える。
983	**pull over** (車を) 停車させる；路肩に寄せる	ⓘ元は「手綱を引っ張って馬を止める」という意味で、車に転用された。受け身でも使い、停車させる主体の警官はよく省略される。
984	**put aside** ～を脇に置く；～を貯める；～を無視する	ⓘ副詞の **aside** は「別にして；脇に」の意味。「別にして置く」→「貯める」、「脇に置く」→「無視する」となる。

▼センテンスで覚えよう！

Your donation has made a difference to our charity.
あなたの寄付は私たちの慈善事業に役立ちました。

After years of trying to found a company, he finally made it.
会社の設立に何年もかかって挑戦して、彼はついに成し遂げた。

She made up for her mistake by correcting it.
彼女は自分のミスを訂正することによってそれを埋め合わせた。

(頻出)

Our shoes have been marked down by 10%.
当店の靴は10%値下げされています。

Sadly, her mother passed away last month.
悲しいことに、彼女の母は先月、亡くなった。

He plugged in the fax machine and then used it.
彼はファクス機の電源を入れて、それを使った。

She was pulled over for reckless driving on the highway.
彼女はハイウェーで無謀な運転をして、停車させられた。

They put aside their differences to remain friends.
彼らは意見の違いを脇に置いて、友人であり続けた。

273

DAY 20　イディオム②　600点レベル

▼ココに注目！

985	**rely on** ～に頼る；～を当てにする	depend on、count on が類語。 構 **rely on A to do** (doするのにAに頼る)
986	**report to** ～の下で働く； ～に報告義務がある	〈report to 上司〉という形で会社での所属関係を表す。
987	**run errands** 使いに行く	errand は「使い走り」の意味。動詞は run のほか、do や go on も使う。また、an errand と単数でも可。
988	**run into** ～に偶然出会う；～に追突する	人や問題などに「遭遇する」、また車などがどこかに「追突する」という意味で使う。
989	**run out of** ～を使い果たす；～をなくす	在庫や備品がなくなるシーンで出る。run short of なら「～が不足する」。
990	**see to it that** ～になるよう取りはからう	see to で「～を取りはからう；～の面倒を見る」、it は that 以下を指す。
991	**settle down** ～を落ち着かせる； 身を落ち着ける；居を定める	settle down in Kyoto で「京都に居を定める」。
992	**sum up** ～を合計する；～を要約する	sum は名詞で「金額；合計」の意味がある。また、summary は「要約」なので、これらとの関連で sum up を覚えておこう。

▼センテンスで覚えよう！

He relies on an express bus to get to work.
彼は通勤するのに高速バスに頼っている。

She reports to the chief information officer.
彼女は最高情報責任者の下で働いている。

He ran errands after work, including picking up some milk.
彼は仕事の後、ミルクを買うなどお使いをした。

She ran into an old high school classmate at the trade conference.
彼女は貿易見本市で高校時代の古いクラスメートにばったり会った。

Their car had almost run out of gasoline.
彼らの車はガソリンがほとんどなかった。

See to it that all of this furniture is removed quickly.
この家具をすべてすぐに撤去するようお願いいたします。

When are you going to settle down and start a family?
いつ身を落ち着けて、家族をもつつもりですか。

She summed up the company news in an announcement.
彼女は発表の中で会社のニュースをかいつまんで話した。

DAY 20　イディオム② 　　600点レベル

▼ココに注目！

993	**take ~ into account** 〜を考慮する；〜に気を配る	⦿ 例文は目的語が長いので、後ろに置いている。名詞 account は「考慮」の意味。 類 take account of (〜を考慮に入れる)
994	**take advantage of** 〜を利用する；〜につけこむ	⦿ advantage は「利点」の意味。ネガティブに「〜につけこむ」の意味でも使う。**take advantage of one's failure** (人の失敗につけこむ)
995	**take effect** 効力を生じる；(薬が) 効く	⦿ effect は「効果」。規則や法律が「効力を生じる」の意味でよく使う。
996	**take over** (仕事などを) 引き継ぐ； (会社を) 買収する	⦿ 直接、目的語を続けることもできる。**take over a post** (職務を引き継ぐ)
997	**turn around** 〜を再生させる；再生する； 方向転換する	⦿「(不振企業を) 再生させる」「(不振企業が) 再生する」の意味でよく使う。名詞の turnaround は「業績回復」。
998	**turn down** 〜を断る；(音量などを) 下げる	⦿ 提案や申し出を「却下する」、スピーカーなどの音量を「下げる」の意味で使う。 例 **turn down the radio** (ラジオの音量を下げる)
999	**turn out to *be*** 〜であることがわかる； 〜という結果になる	⦿ prove to be が類語。
1000	**wrap up** 〜を終える；厚着をする	⦿ 仕事・会議などを「終える」の意味で使う。天気予報では「厚着をする」の意味で出る。**Wrap up warm.** (厚着をして暖かくしてください)

▼センテンスで覚えよう！

The company takes into account many factors in its decisions.
その会社は決断するのに数多くの要因を考慮した。

He took advantage of his paid holiday to rest.
彼は休むのに有給休暇を利用した。

(頻出)

The new tax laws take effect on January 1.
新しい税法は1月1日に発効する。

(頻出)

She'll take over for me at the end of next quarter.
彼女は次の四半期の終わりに私の後を引き継ぐ。

She's skilled at turning around failing companies.
彼女は経営不振の会社を再生させる技量がある。

Are you really going to turn down the job?
あなたは本当にその仕事を断るつもり？

The action movie turned out to be very exciting.
そのアクション映画はとても面白いことがわかった。

He wrapped up the talk, and then took questions.
彼は話を終えて、それから質問を受けた。

INDEX

本書に収録する全見出し語1000のさくいんです。
単語の検索や覚えたかどうかの確認に利用してください。

A

- a host of ········· 258
- a range of ········· 258
- ability ········· 50
- accept ········· 102
- acclaimed ········· 208
- accommodate ········· 196
- according to ········· 160
- accordingly ········· 216
- account ········· 144
- accountant ········· 144
- accurate ········· 198
- achieve ········· 178
- acquire ········· 182
- actually ········· 124
- add ········· 18
- additional ········· 122
- address ········· 194
- adhere to ········· 268
- adjacent ········· 208
- adjust ········· 184
- administrative ········· 210
- admission ········· 228
- admit ········· 16
- adopt ········· 22
- advantage ········· 234
- afford ········· 180
- after all ········· 160
- afterward ········· 216
- agency ········· 68
- agenda ········· 218
- agree ········· 20
- agriculture ········· 70
- ahead of ········· 258
- aid ········· 136
- aim ········· 134
- alert ········· 236
- alliance ········· 232
- allow ········· 14
- along with ········· 166
- alternative ········· 204
- ambitious ········· 208
- amenity ········· 228
- amount ········· 136
- analyze ········· 196
- anniversary ········· 130

INDEX

announce	24
annual	30
apart from	258
apologize	104
apparently	216
appear	100
appetite	228
applause	138
appliance	222
applicant	128
apply	18
appointment	56
appreciate	184
approve	180
approximately	212
architecture	152
around the clock	258
arrange	24
article	60
as a matter of fact	258
as a result	160
as a whole	258
as far as ~ concerned	160
as for	160
as of	258
as well as	78
aspect	136
assembly	146
assign	178
assignment	240
associate	218
at ease	78
at first	78
at hand	260
at home	78
at least	78
at once	78
at one's convenience	260
at the moment	260
at the same time	78
atmosphere	140
attach	96
attend	18
attendee	128
attention	56
attire	248
attitude	140
attract	106
attractive	116
audience	54
audit	244
auditorium	252
authentic	210
author	52
authorize	196
automobile	154
available	32
avoid	192
award	130
aware	122

B

- background ... 64
- balance ... 130
- bankrupt ... 246
- banquet ... 248
- based on ... 160
- be about to *do* ... 84
- be absent from ... 84
- be anxious to *do* ... 166
- be engaged in ... 166
- be entitled to ... 268
- be likely to *do* ... 86
- be obliged to *do* ... 268
- be supposed to *do* ... 168
- because of ... 78
- behavior ... 230
- behind schedule ... 162
- belong to ... 86
- benefit ... 52
- besides ... 124
- beverage ... 250
- bid ... 246
- billing ... 62
- biography ... 220
- board ... 72
- board of directors ... 144
- book ... 14
- boring ... 118
- both A and B ... 80
- branch ... 68
- breakthrough ... 224
- brief ... 114
- broad ... 114
- broadcast ... 158
- brochure ... 146
- browse ... 256
- budget ... 54
- bulletin ... 146
- by accident ... 162
- by the way ... 160
- by way of ... 260

C

- cafeteria ... 68
- calculate ... 96
- call for ... 86
- call in sick ... 168
- campaign ... 68
- cancel ... 18
- candidate ... 128
- capable ... 34
- capital ... 66
- career ... 62
- cargo ... 152
- carry out ... 86
- catch up with ... 168
- cater ... 188
- celebrate ... 180
- celebrity ... 230
- ceremony ... 52

INDEX

certainly ········· 42	comply with ········· 268
certificate ········· 226	component ········· 244
chair ········· 148	comprehensive ········· 210
change ········· 74	compromise ········· 232
charge ········· 14	concentrate ········· 108
chart ········· 146	concern ········· 140
check out ········· 86	conclude ········· 190
chore ········· 242	condition ········· 58
circumstance ········· 224	conduct ········· 188
claim ········· 182	conference ········· 128
clerk ········· 74	confident ········· 36
climate ········· 76	confidential ········· 212
collaborate ········· 186	confirm ········· 100
colleague ········· 144	conflict ········· 136
come up with ········· 268	confuse ········· 192
comfortable ········· 116	congratulate ········· 102
commerce ········· 148	connect ········· 24
commission ········· 226	consecutive ········· 202
commitment ········· 232	consequently ········· 216
committee ········· 68	consider ········· 26
common ········· 36	considerably ········· 212
commute ········· 150	construction ········· 152
compare ········· 26	consult ········· 186
competent ········· 200	consume ········· 102
competitive ········· 200	consumer ········· 70
complain ········· 104	contact ········· 14
complaint ········· 130	contain ········· 102
complete ········· 116	content ········· 56
complicated ········· 120	contract ········· 66
complimentary ········· 210	contribute ········· 178

convene 248	debt 150
convenient 34	decade 46
cooperation 134	decline 24
cordial 208	dedicated 200
corporate 32	definitely 126
correct 106	degree 224
cost 20	delay 16
counterpart 232	delighted 116
courier 238	deliver 106
coverage 236	demand 60
crate 238	demonstrate 180
create 28	department 64
credential 250	departure 72
crew 66	depend on 86
cross 74	deposit 106
crowded 30	describe 108
crucial 212	designate 178
cuisine 250	destination 154
curious 30	detergent 254
currency 150	determine 190
current 204	develop 26
custom 218	device 70
	dine 156

D

dairy 156	direction 76
damage 54	directory 156
date 46	disappoint 110
deadline 132	display 26
deal 46	dispose of 168
deal with 168	distribute 106
	district 58

INDEX

diverse	200
divide	28
do a favor	168
do away with	268
domestic	112
donate	178
draft	218
draw up	268
drop in on	268
due	198
due to	80
durable	204
duration	228
duty	50

E

each other	80
eager	112
earn	20
economical	198
effect	58
effective	116
efficient	116
effort	48
either A or B	80
elect	18
element	234
emergency	136
emphasize	190
employee	62
enable	108
enclose	186
encourage	180
end up ~ing	270
enroll	256
ensure	194
enterprise	240
entertain	100
entire	112
environment	140
equipment	70
especially	126
establish	196
estimate	238
evaluate	190
even if	166
eventually	214
every other	260
exactly	40
examine	178
example	56
except for	162
excerpt	236
exchange	96
exclusive	204
excursion	250
executive	64
exhibition	150
expand	186
expect	20

expense	66	figure out	270
expensive	36	file	96
experiment	222	fill	98
expertise	220	fill out	86
expire	188	financial	148
explain	24	finding	70
express	24	firm	46
extend	100	fiscal	198
extension	152	fit	18
extensive	114	fix	18
extra	38	flavor	228
extremely	214	flaw	224
		flexible	116

F

fabric	256	focus on	88
face	14	for a while	80
facility	52	for instance	160
factor	58	for the time being	260
fair	48	form	50
fairly	44	formal	32
familiar	34	former	32
far from	162	found	240
fare	228	free of charge	162
fault	60	frequently	40
feasible	210	from now on	80
fee	46	fun	50
feedback	220	function	136
feel free to *do*	86	fund	54
feel like ~*ing*	168	furniture	74
figure	54	further	34
		furthermore	214

INDEX

G

gadget	244
gain	134
garbage	156
gather	18
generation	142
generous	212
get back to	168
get in touch with	270
get off	88
get rid of	170
get together	170
go ahead	88
go over	170
goods	48
gradually	126
graduate	64
gratitude	220
greeting	138
grocery	156
guarantee	180
guideline	142

H

hand in	170
handle	102
handout	146
hang	98
hang up	170
happen to *do*	170
hardly	40
have nothing to do with	270
have yet to *do*	270
headquarters	150
help oneself to	170
heritage	230
hesitate	192
hierarchy	226
hire	14
hold	16
honor	138
hospitality	228
host	108
household	138
however	42
huge	36
human resources	144

I

ideal	34
immediately	126
immigration	154
impact	234
implement	196
import	96
improve	100
in a row	260
in addition to	162
in brief	162

in case 166	industry 52
in charge of 80	inevitable 212
in connection with 260	influence 130
in contrast to 262	inform 24
in effect 262	informative 118
in fact 80	ingredient 250
in favor of 162	initial 118
in front of 82	innovative 200
in general 262	input 218
in good shape 262	inquire 178
in honor of 262	insert 184
in light of 262	insist 182
in place of 262	inspect 188
in search of 262	install 184
in spite of 164	installment 238
in terms of 264	instead 124
in the future 82	instead of 82
in the long run 264	institution 236
in the meantime 264	instruction 220
in time for 82	instrument 224
in turn 264	insurance 152
incentive 224	integrity 230
inclement 252	intelligent 120
include 102	intend 14
income 66	intensive 200
increase 98	interest 54
independent 120	interrupt 194
indicate 192	interview 64
individual 120	introduce 26
industrious 200	inventory 238

INDEX

invest ··········· 148
investigate ········· 192
invite ············ 14
invoice ··········· 238
involve ··········· 104
issue ············ 28
item ············ 48
itinerary ·········· 250

J

jam ············ 252
janitor ··········· 240
job vacancy ········ 144

K

keep track of ······· 270
keep up with ······· 88
kitchenware ········ 156

L

labor ············ 64
laboratory ········· 152
lack ············ 22
landmark ········· 250
landscape ········· 154
last ············ 96
lately ············ 40
launch ··········· 178
laundry ··········· 254
lawyer ··········· 66

lay off ············ 88
lead ············ 22
lean ············ 182
leave ············ 50
lecture ··········· 54
legend ··········· 230
liable ············ 206
lie ············ 16
likely ············ 42
line ············ 48
load ············ 182
local ············ 30
locate ··········· 108
look after ········· 270
look forward to ····· 88
look into ·········· 270
loyalty ··········· 220
lucrative ·········· 206
luggage ··········· 72
luxurious ·········· 118

M

machinery ········· 70
mainly ············ 40
maintain ·········· 100
major in ··········· 170
make a difference ··· 272
make it ··········· 272
make sure ········· 88
make up for ········ 272

manage to *do*	172
management	62
mandatory	210
manner	140
manual	120
manufacturer	152
manuscript	248
mark down	272
masterpiece	256
material	132
matter	56
mature	208
meal	154
meanwhile	214
measure	232
mechanic	240
medication	158
memorandum	150
merchandise	242
merely	216
merger	246
meteorologist	252
method	132
mind	56
minutes	248
miss	22
modest	202
modify	194
moreover	124
mortgage	246
mostly	212
multiple	204
mutual	122

N

nearly	42
neglect	192
negotiation	128
neighborhood	76
neither A nor B	82
nervous	118
net	122
next to	82
no later than	82
no longer	82
not only A but also B	84
notice	52
now that	164
numerous	202

O

objective	220
observe	186
obtain	182
obvious	114
occasion	220
offer	16
on account of	264
on behalf of	164
on duty	84

INDEX

on the contrary	264
on the other hand	166
on top of	164
once in a while	264
one after another	264
operate	100
operation	130
opportunity	134
opposite	112
option	134
order	62
ordinary	122
original	38
otherwise	124
out of order	84
outcome	234
outlet	242
outline	192
outlook	234
output	222
outsource	242
outstanding	204
overseas	44
overtime	44
owing to	166
own	22

P

pack	158
package	52
parcel	74
parking	74
participate	106
particularly	40
pass away	272
passenger	72
past	30
pastime	226
patent	244
patient	198
patronage	242
pave	250
pay attention to	172
pay off	172
paycheck	150
pedestrian	252
performance	132
period	50
periodical	248
permanent	202
permit	184
personal belongings	252
personnel	146
perspective	234
persuade	98
pharmaceutical	244
phase	222
pick up	88
plain	114
pleasant	116

plug in ... 272	principle ... 236
plumber ... 240	prior to ... 266
podium ... 230	privilege ... 226
point out ... 90	probably ... 42
policy ... 58	procedure ... 136
polite ... 32	process ... 28
portion ... 234	procurement ... 244
position ... 64	profession ... 64
positive ... 112	proficient ... 200
post ... 184	profit ... 62
postpone ... 98	progress ... 132
potential ... 206	prohibit ... 194
pour ... 158	promote ... 182
practical ... 124	proofread ... 248
practice ... 136	proper ... 112
precious ... 206	property ... 138
precipitation ... 252	proposal ... 128
precise ... 122	prospect ... 222
predecessor ... 234	prosperous ... 206
predict ... 188	protect ... 186
prefer ... 96	prototype ... 242
preliminary ... 210	proud ... 30
premise ... 230	provide ... 104
prepare ... 26	provided that ... 266
presentation ... 148	publish ... 104
prestigious ... 208	pull over ... 272
presumably ... 216	punctual ... 112
prevent ... 108	purchase ... 186
previous ... 32	purpose ... 134
primary ... 120	put aside ... 272

INDEX

put off	90
put on	90
put up with	172

Q

qualified	120
quality	134
quarter	130
questionnaire	148
quickly	44
quite a few	266

R

raise	182
range from A to B	172
rapid	38
rarely	40
rate	46
reach	20
ready	30
realize	186
rear	142
reason	58
reasonable	114
receipt	68
receive	26
recently	40
receptionist	240
recognize	184
recommend	180
recover	196
recruit	66
reduce	98
refer to	90
reference	226
reflect	188
refrain	194
refreshment	248
refund	218
regard	190
regardless of	266
region	140
register	192
regrettably	214
regularly	42
regulation	236
reimburse	244
reject	102
relation	56
relatively	214
release	104
relevant	210
reliable	114
relocate	196
rely on	274
remain	26
remark	232
remarkable	204
remind	100
reminder	142

remote	208
remove	196
renew	106
renovate	152
rent	62
replace	188
report to	274
representative	240
reputation	230
request	24
require	98
reschedule	150
research	132
residence	256
resign	102
resource	222
respect	130
respective	204
respondent	148
responsible	38
rest	48
restrict	190
result	60
résumé	144
retail	62
retire	146
return	68
revenue	66
review	218
revise	194
right away	164
role	52
room	58
round	72
routine	226
row	236
rumor	56
run	16
run errands	274
run into	274
run out of	274

s

save	20
scholarship	256
sector	128
secure	122
security	70
see off	90
see to it that	274
seek	104
seldom	42
senior	32
separately	214
serious	30
serve	20
session	146
set up	90
settle down	274
share	46

INDEX

shift ... 50	statement ... 138
ship ... 16	stationery ... 254
show up ... 172	statistic ... 246
shut down ... 172	status ... 134
side by side ... 164	step down ... 174
sightseeing ... 72	stock ... 68
sign ... 74	storage ... 238
sign up for ... 172	story ... 154
signature ... 148	strategy ... 222
significant ... 118	strict ... 122
similar ... 34	structure ... 236
simultaneously ... 216	stuff ... 140
sincere ... 36	subject ... 54
site ... 140	submit ... 180
situation ... 224	subordinate ... 242
skill ... 50	subscribe ... 184
so far ... 84	subsequently ... 216
so that ~ can ... 166	subsidiary ... 242
solve ... 22	substantial ... 202
sort ... 108	suburb ... 156
souvenir ... 154	such as ... 84
specific ... 198	suffer ... 110
specification ... 244	sufficient ... 202
spectator ... 252	suggestion ... 138
spend ... 22	suitable ... 112
stable ... 114	sum up ... 274
stack ... 254	summary ... 138
stair ... 74	superior ... 120
start with ... 174	supervisor ... 144
state ... 106	supply ... 70

survey	218
survive	110
suspend	194
sustainable	206
sweep	254
symptom	256

T

take ~ into account	276
take advantage of	276
take effect	276
take it easy	174
take off	90
take over	276
take part in	174
take place	90
temperature	76
temporary	202
tend	98
tentatively	212
term	246
thanks to	164
theme	132
therefore	42
thick	38
thoroughly	214
tight	38
timeline	224
timely	38
tip	232

to some extent	266
to the point	266
token	232
tour	72
trade	46
traditional	38
transaction	246
transfer	190
transportation	72
treat	108
trust	48
try on	92
tuition	256
turn around	276
turn down	276
turn off	92
turn out to *be*	276
typical	206

U

unanimous	208
under way	84
undergo	188
unfortunately	124
unit	48
unusual	36
up to	164
up-to-date	124
upcoming	198
update	104

INDEX

urban	36
urge	96
urgent	32
used to *do*	92
usher	254
utensil	156
utility	254

V

vacant	202
valid	198
valuable	118
value	58
various	34
vehicle	154
venture	222
venue	228
view	132
violate	110
voluntary	206
vote	128

W

warehouse	238
warranty	246
waste	254
wealthy	118
wear	16
well-being	226
well-known	36
when it comes to	266
whole	34
with regard to	266
withdraw	190
work	20
work for	92
worry	22
wrap up	276

●著者紹介

成重 寿 Hisashi Narishige

三重県出身。一橋大学社会学部卒。英語教育出版社、海外勤務の経験を生かして、TOEICを中心に幅広く執筆・編集活動を行っている。主要著書:『TOEIC® L&R TEST英単語スピードマスター』、『TOEIC® L&R TEST必ず☆でる熟語スピードマスター』、『ゼロからスタート英単語BASIC1400』、『ゼロからスタート英単語中級STANDARD3000』(以上、Jリサーチ出版) など。TOEIC® TEST 990点満点。

英文作成協力	Craig Brantley (CPI)
カバーデザイン	滝デザイン事務所
本文デザイン／DTP	江口うり子（アレピエ）
イラスト	みうらもも
校正協力	深瀬正子
ダウンロード音声制作	一般財団法人 英語教育協議会（ELEC）
ナレーター	Jack Merluzzi / Carolyn Miller
	横田砂選

本書へのご意見・ご感想は下記URLまで　お寄せください。
http://www.jresearch.co.jp/contact/

TOEIC® TEST
必ず☆でる単 スピードマスター

平成27年（2015年）9月10日　初版第1刷発行
令和元年（2019年）9月10日　　　第8刷発行

著　者	成重　寿
発行人	福田富与
発行所	有限会社　Jリサーチ出版
	〒166-0002　東京都杉並区高円寺北2-29-14-705
	電話 03(6808)8801(代)　FAX 03(5364)5310
	編集部 03(6808)8806
	http://www.jresearch.co.jp
印刷所	㈱シナノ パブリッシング プレス

ISBN978-4-86392-240-2　禁無断転載。なお、乱丁・落丁はお取り替えいたします。
©Hisashi Narishige, 2015 All rights reserved.